En couverture :
Herminette cérémonielle lele (Kuba Kasai)
Collection Charles Ratton - Dessin de Corinne Venot

LE FRANÇAIS, LE SANGO ET LES AUTRES LANGUES CENTRAFRICAINES

Agence de Coopération Culturelle et Technique
(A.C.C.T.)

EGALITÉ, COMPLÉMENTARITÉ, SOLIDARITÉ

L'Agence de Coopération Culturelle et Technique, organisation internationale créée à Niamey en 1970, rassemble des pays liés par l'usage commun de la langue française à des fins de coopération dans les domaines de l'éducation, des sciences et des techniques et, plus généralement, dans tout ce qui concourt au développement des Etats Membres et au rapprochement des peuples.

PAYS MEMBRES

Belgique, Bénin, Burundi, Canada, République Centrafricaine, Comores, Côte-d'Ivoire, Djibouti, Dominique, France, Gabon, Haïti, Haute-Volta, Liban, Luxembourg, Mali, Ile Maurice, Monaco, Niger, Rwanda, Sénégal, Seychelles, Tchad, Togo, Tunisie, Vanuatu, Viêt-nam, Zaïre.

ETATS ASSOCIES

Cameroun, Guinée-Bissau, Laos, Mauritanie.

GOUVERNEMENTS PARTICIPANTS

Nouveau-Brunswick, Québec.

LANGUES ET CIVILISATIONS A TRADITION ORALE
48

Martine DÉCHAMPS-WENEZOUI

LE FRANÇAIS, LE SANGO ET LES AUTRES LANGUES CENTRAFRICAINES

Enquête sociolinguistique au quartier Boy-Rabe (Bangui, Centrafrique)

Publié avec le concours du
CENTRE NATIONAL DE LA RECHERCHE SCIENTIFIQUE
et de
l'AGENCE DE COOPÉRATION CULTURELLE ET TECHNIQUE

1981

LACITO
LABORATOIRE DE LANGUES ET
CIVILISATIONS À TRADITION ORALE

LP 3-121 du CNRS
Section «Niger-Congo-Oriental»
du Département «AFRIQUE»

ISSN : 0240-2041
ISBN : 2-85297-095-3

RÉSUMÉS

Martine DECHAMPS-WENEZOUI - Le français, le sango et les autres langues centrafricaines. Enquête sociolinguistique au quartier Boy-Rabe (Bangui, Centrafrique). 1981, Paris, SELAF (Tradition Orale 48).

Bangui, la capitale de la Centrafrique, est une mosaïque ethnique et linguistique. Recréant partiellement dans les quartiers les groupes dont ils sont issus, les Banguissois représentent un vaste échantillon de l'ensemble de la population : essentiellement oubanguiens (banda, gbaya-manza, ngbaka-gbanzili, nzakara, sango-yakoma) mais aussi en minorités bantous (mbati, ngando) et soudanais (sara) ... La langue véhiculaire et nationale, essentielle en milieu urbain, est le sango, issu du ngbandi-sango-yakoma (langue oubanguienne). Le français est langue officielle, d'administration et d'enseignement.

Utilisant le questionnaire sur les langues en contact du LP 3-121 sur un groupe de 500 personnes dont une majorité de jeunes et d'hommes, l'auteur présente en même temps qu'une critique de l'enquête par questionnaire et de ses limites, une analyse des résultats obtenus.

Les grandes tendances actuelles sont vers une diminution rapide de l'usage des langues vernaculaires que n'utilisent presque plus la génération des 15-25 ans, remplacées dans toutes les situations même familiales par le sango. Le français reste pour tous, lorsqu'il est connu, une langue étrangère pratiquée seulement dans des circonstances exogènes. Acquis scolairement, faute d'aliments culturels, il disparaît chez un grand nombre qui de ce fait retournent à l'analphabétisme. Cependant le bilinguisme — au moins — est la règle pour tous. Cette transformation du paysage linguistique s'assortit d'une profonde mutation culturelle. Les cultures traditionnelles résistent mal au choc de la technologie occidentale, mais la déstructuration qu'elle provoque n'est pas compensée.

Martine DECHAMPS-WENEZOUI - French, Sango and the Other Central African Languages. Socio-linguistic research in the Boy-Rabe quarter of Bangui (Central African Republic). 1981, Paris, SELAF (Tradition Orale 48).

Bangui, the capital of the Central African Republic, is ethnically and linguistically a mosaic. Its inhabitants constitute a large sampling of the country's total population, and organize themselves into their original ethnic groups in the various quarters of the city. Most of these groups speak Ubangian languages (Banda, Gbaya-Manza, Ngbaka-Gbanzili, Nzakara, Sango-Yakoma), but there are also some Bantu (Mbati, Ngando) and Sudanic (Sara) minorities. The trade and national language Sango, from the Ubangian Ngbandi-Sango-Yakoma group, is dominant in this urban milieu. French is an official language, used by the administration and for education.

The author used a questionnaire on languages in contact, developed by LP 3-121, on a group of 500 individuals, most of them young and male. She presents a critique of research based on questionnaires and its limits, with the analysis of her results. The main current trends are towards rapidly decreasing use of the vernacular languages (almost never used by the 15-25-year-old generation), which are universally replaced (even in family situations) by Sango. For those who know French, it remains a foreign language used only in exogenous circumstances. It is learned in school and, in the absence of cultural stimuli, it is lost by many, who therefore return to illiteracy. However, knowledge of at least two languages is customary for all. This change of the linguistic picture is accompanied by profound cultural change. Traditional cultures have difficulty resisting the shock of Western technology, and there is no compensation for the damage it does to cultural structures.

Martine DECHAMPS-WENEZOUI - Französisch, Sango und die anderen zentralafrikanischen Sprachen. Soziolinguistische Untersuchung im Stadtteil Boy - Rabe von Bangui (Zentralafrikanische Republik).
1981, Paris, SELAF (Tradition orale 48).

Bangui, die Hauptstadt der Zentralafrikanischen Republik, gleicht einem ethnischen und sprachlichen Mosaik. Die Einwohner von Bangui, die sich weitgehend nach ihren Ursprungsgruppen in eigenen Stadtvierteln zusammengefunden haben, stellen einen beachtlichen Querschnitt durch die gesamte Bevölkerung des Landes dar. Die meisten von ihnen sprechen Ubangi-Sprachen : Banda, Gbaya-Manza, Ngbaka-Gbanzili, Nzakara, Sango-Yakoma. Daneben gibt es auch Bantusprachige (Mbati und Ngando) sowie Sudansprachige (Sara). Verkehrs- und Nationalsprache, vor allem im städtischen Bereich, ist das Sango, das auch der Ngbandi-Sango-Yakoma-Gruppe der Ubangi-Sprachen hervorgegangen ist. In Verwaltung und Erziehung wird als offizielle Sprache Französisch verwendet.

Die Autorin benutzte für ihre Untersuchung an 500, zumeist jungen Leuten das Befragungsbuch, das vom LP 3-121 für Sprachen in Kontaktsituation entwickelt worden ist. In der Darstellung ihrer Untersuchungsergebnisse geht die Autorin auch kritisch auf die Frage nach Grenzen und Möglichkeiten einer solchen Fragebogenuntersuchung ein.

Die derzeitige Entwickling laüft auf eine schnell fortschreitende Aufgabe der angestammten Sprachen zugunsten des Sango hinaus. Die Generation zwischen 15 und 25 Jahren benutzt fast ausschliesslich Sango, dies selbst im familiären Bereich. Französisch wird von allen als Fremdsprache empfunden und, soweit überhaupt bekannt, für auswärtige Beziehungen verwendet. Nach dem Erwerb auf der Schule gerät es mangels kultureller Anreize bei einer grossen Zahl wieder in Vergessenheit, wodurch praktisch ein Rückfall in das Analphabetentum bewirkt wird. Immerhin ist die Kenntnis von wenigstens zwei Sprachen bei allen die Regel. Die gegenwärtige Umgestaltung der soziolinguistischen Situation geht mit einem tiefgreifenden Kulturwandel einher. Die traditionellen Kulturen widerstehen nur schlecht dem Schock, der von der westlichen Technologie ausgeht, ohne dass ihre Zerstörung durch etwas Entsprechendes kompensiert würde.

Martine DECHAMPS-WENEZOUI - Francés, sango y los otros idiomas centroafricanos. Encuesta sociolingüística en el barrio Boy-Rabe (Bangui, República centroafricana).
1981, Paris, SELAF (Tradition Orale 48).

Bangui, la capital de la República centroafricana, es un mosaico étnico y lingüístico. Los habitantes de Bangui representan un muestreo enorme del conjunto de la población, y vuelven a crear en los barrios sus grupos de origen. Hablan esencialmente lenguas ubanguianas (banda, gbaya-manza, ngbaka-gbanzili, nzakara, sango-yakoma), aunque hay también minorías bantúes (mbati, ngando) y sudanesas (sara). La lengua vehicular y nacional, ensencial en medio urbano, es el sango, derivado del grupo ubanguiano ngbandi-sango-yakoma. El francés es una lengua oficial, utilizada en la administration y la enseñanza.

La autora ha utilizado el cuestionario sobre lenguas en contacto del LP 3-121 con un grupo de 500 personas, la mayoría jóvenes y de sexo masculino. Presenta un análisis de sus resultados, junto con una crítica de las encuestas mediante cuestionario y sus límites.

Las grandes tendencias actuales son hacia una disminución rápida des uso de las lenguas vernáculas, que los de la generación de 15 a 25 años ya no utilizan prácticamente nunca, viéndose sustituidas, hasta en situaciones familiares, por el sango. Para los que lo conocen, el francés sigue siendo una lengua extranjera utilizada únicamente en situaciones exógenas. Adquirida en la escuela, se pierde, faltando alimentos culturales, en el caso de muchos, que vuelven así al analfabetismo. Sin embargo, el bilinguismo (por lo menos) es la regla para todos. Esta transformación del paisaje lingüístico se ve acompañada por una profunda mutación cultural. Las culturas tradicionales resisten mal al choque de la tecnología occidental, y no hay compensación para la "destructuración" que éste provoca.

LE FRANÇAIS, LE SANGO ET LES AUTRES LANGUES CENTRAFRICAINES

Enquête sociolinguistique au quartier Boy-Rabe (Bangui, Centrafrique)

SOMMAIRE

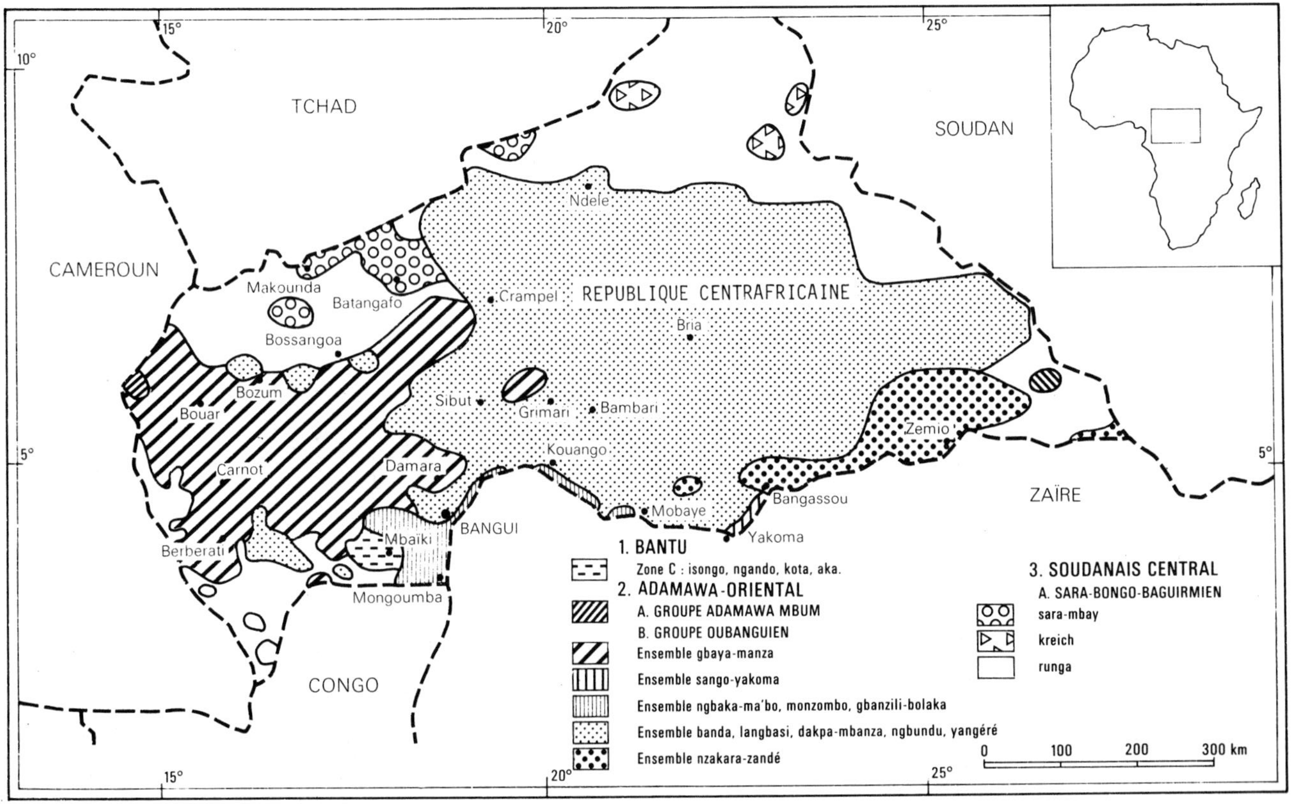

LES LANGUES DE CENTRAFRIQUE (Luc Bouquiaux)

BANGUI

Extrait de l'*Atlas de la République Centrafricaine*, (1ère édition), 1973, Institut Géographique National (I.G.N.), Paris, France - p. 20.

0 1 2 km

Ecoles supérieures

Eglises. Maisons chrétiennes

Bâtiments publics

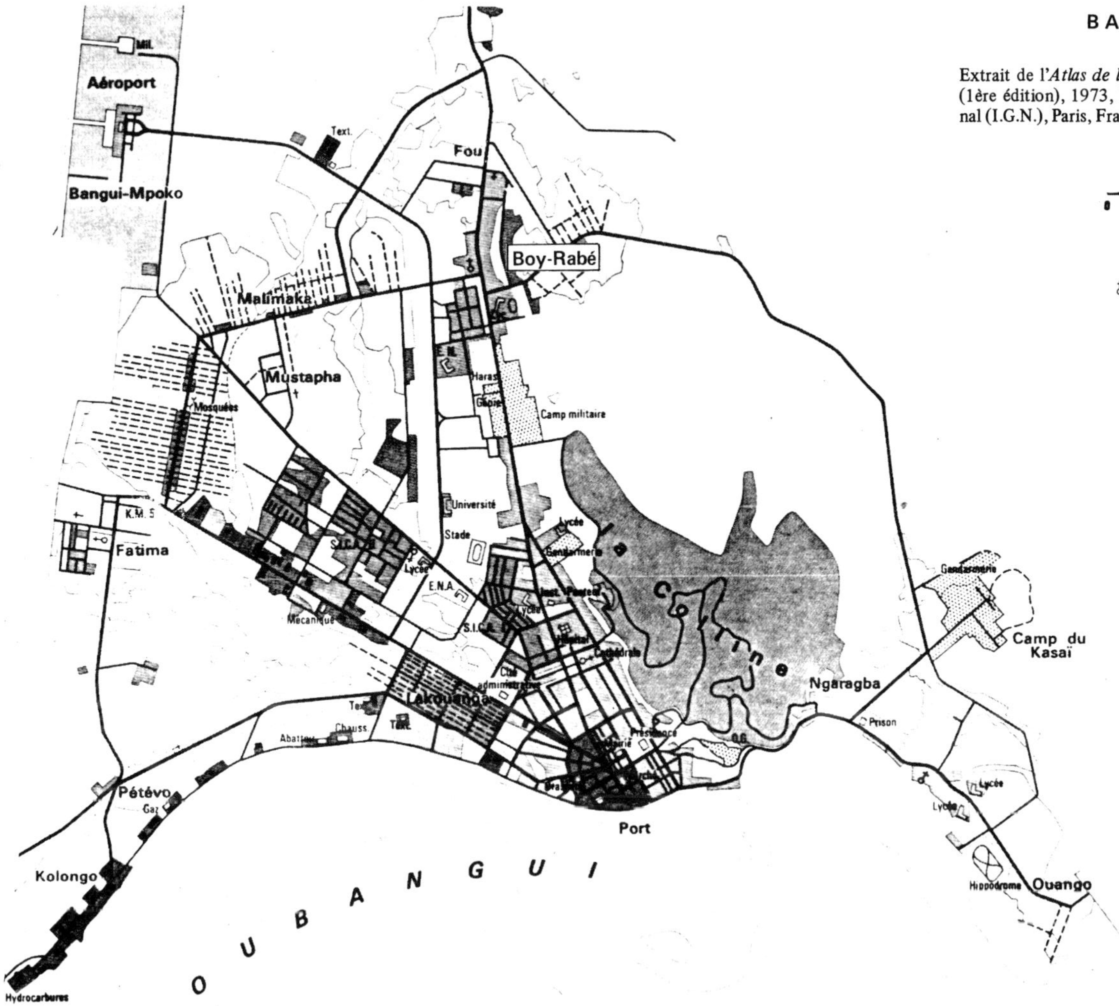

INTRODUCTION

1. GÉNÉRALITÉS LINGUISTIQUES ET HISTORIQUES

Le territoire centrafricain a une superficie de 623 000 km^2 dont la population était estimée en 1968 à 2 255 536 habitants. Comme le signale Pierre KALCK (1974 : 11) :

> "Le territoire centrafricain correspond à la dernière tache blanche qui subsistait sur les cartes de l'Afrique aux environs de 1885".

Longtemps livré aux compagnies concessionnaires, l'Oubangui-Chari fut selon l'expression de cet auteur "la plus délaissée des colonies". L'expansion de la langue française fut donc plus tardive et la scolarisation moins importante que dans la plupart des pays de l'Afrique francophone.

Mais si l'Oubangui est resté longtemps ignoré des européens, il ne l'a pas été de tous les africains puisqu'un commerce intense se déroulait sur les bords de ce fleuve. Cet état de choses a eu une conséquence importante du point de vue linguistique : la diffusion de la langue des habitants des bords du fleuve, le sango. Selon Pierre KALCK (1974 : 63) :

> "Le réseau commercial de ces Oubanguiens appelés aussi "gens d'eau" et "Gbandi" semble avoir entraîné bien avant la colonisation la diffusion d'une langue véhiculaire dite "langue d'eau" dans laquelle prédominait la langue sango".

Il ajoute en note (1974 : 63, note 1) :

> "Liotard [explorateur français] dès 1892 faisait état d'une langue des gens d'eau comprise dans des régions de l'intérieur dans lesquelles aucun blanc n'avait encore pénétré".

Cette langue sango sera par la suite très utilisée par le colonisateur et ses auxiliaires.

Ces deux faits historiques (difficultés de la pénétration européenne, existence d'une langue véhiculaire avant la colonisation) expliquent la situation linguistique assez particulière de cet état qui admet depuis 1963 une langue officielle le français et une langue nationale le sango.

2. COMPOSITION ETHNIQUE DE LA POPULATION CENTRAFRICAINE

Ces deux langues ne sont pas les seules parlées dans ce pays. En effet, la population se divise en cinq grands groupes linguistiques et comporte sur les marges du territoire quelques ethnies que les hasards de l'établissement des frontières coloniales ont divisées.

Ces cinq groupes linguistiques sont (cf. Carte linguistique en annexe :

- à l'ouest, le groupe GBAYA-MANZA qui comprend, outre les Gbayas et les Manzas, les Ngbaka-Manzas, les Gbanus, les Alis, etc.
- au centre, l'ensemble BANDA groupant aussi les Langbassis, les Ngbundus, les Yangérés, les Dakpa-Mbanzas, etc.
- au sud, près du fleuve Oubangui, le groupe YAKOMA-SANGO
- à l'est, l'ensemble ZANDE-NZAKARA
- au sud-ouest, en zone forestière, le groupe NGBAKA-MA'BO qui comprend en dehors des Ngbakas, les ethnies Monzombo, Gbandili-Bulaka.

Cette rapide classification ne peut donner qu'un aperçu sommaire de la complexité linguistique et ethnique de ce pays[1]. Nous voyons, en effet, que chaque groupe linguistique comprend plusieurs langues. A ces ensembles, il faut en ajouter d'autres, importants dans les pays voisins, mais faiblement représentés en Centrafrique (groupes Sara, Mbum par exemple).

Cependant, il est facile de constater qu'un mouvement unificateur se crée par l'intermédiaire du sango ; celui-ci est comme les autres parlers une langue oubanguienne, ce qui explique peut-être son succès auprès des autres ethnies.

Malgré tout, cette expansion du sango semble surtout toucher Bangui et les grandes villes et va de pair avec l'urbanisation et l'exode rural.

---

[1]Nous avons considéré ces deux termes comme synonymes ne voulant pas entrer dans des considérations trop précises pour une étude de ce type.

3. L'URBANISATION DE BANGUI

Bangui fut fondée par les Français en 1889. Elle est passée de 53 habitants en 1890 à 19 000 en 1934 pour atteindre 124 000 en 1964; en 1968, elle était estimée à 200 000 habitants (P. KALCK, 1974 : 16). Ce chiffre semble pour la décennie actuelle en deçà de la réalité mais les résultats du dernier recensement ne sont pas encore publiés.

Selon une autre enquête (P. VENNETIER, 1976 : 40) le taux d'urbanisation qui était en 1954 de 5,3 % pour toute l'AEF atteindrait en 1974 25% en Centrafrique. Certes, Bangui ne draîne pas la totalité des migrants, mais on doit quand même considérer que l'exode rural vers la capitale est très important. En effet cette ville est non seulement la capitale administrative et politique mais aussi le principal centre économique à la différence d'un pays comme le Cameroun qui partage ces fonctions entre deux villes, Yaoundé et Douala.

L'aspect de Bangui choquait beaucoup les européens il y a trente ans. En 1947 Jean DRESCH (cité par P. VENNETIER, 1976 : 107) écrivait :

> "Bangui est une ville assez extraordinaire qui répond mal aux définitions traditionnelles d'une ville (...) seize agglomérations souvent désignées par le nom du chef de canton ou de quartier se dispersent dans le périmètre urbain. Certaines ne sont que de véritables villages ruraux intégrés à la ville. Aucune n'est complètement coupée de la vie rurale. Les femmes au moins ont des plantations partout dans la plaine et aux flancs des collines".

Quelques années plus tard Jean-Pierre LEBEUF (cité par P. VENNETIER, 1976 : 107) insiste sur cet aspect insolite pour un européen :

> "L'agglomération est en réalité une succession de petits villages qui entourent la cité européenne et s'étirent le long des grandes routes et s'étendent largement dans des intervalles où demeurent de vastes zones inhabitées".

Certes, les zones inhabitées deviennent de moins en moins vastes aujourd'hui, mais Bangui a gardé une forte proportion d'agriculteurs comme en témoigne l'enquête de Christian PRIOUL (1973, cité par P. VENNETIER, 1976 : 125) :

> "A Bangui près du tiers de la surface cultivée (3 000 ha autour de la ville) est exploité par une classe de paysans qui habitent la capitale et dont les familles rassemblent 20 000 personnes, plus du dixième de la population totale".

Cette proportion importante d'agriculteurs est l'une des caractéristiques de notre quartier d'enquête.

4. ASPECTS DU QUARTIER BOY-RABE

Notre quartier d'enquête est situé à proximité d'une colline près de laquelle les terres cultivables sont nombreuses. C'est un quartier populaire comme en témoigne l'aspect des cases (la plupart sont en poto-poto (pisé) avec le toit recouvert de chaume). Seules quelques maisons construites en matériau dur révèlent la présence de fonctionnaires dans cette zone. Ce quartier semble d'implantation assez ancienne. Son nom vient d'ailleurs du fait qu'il a été peuplé à l'origine par des Gbayas fuyant les populations islamisées (arabes dans la terminologie locale) qui les avaient réduits en esclavage (d'où le nom, quartier des boys des arabes). D'autre part selon Pierre KALCK[2], le sous-quartier de Ndrès tire son nom du fait qu'il a été peuplé par les premiers Bandas immigrés à Bangui. Certaines personnes nous ont déclaré habiter à cet endroit depuis plus de trente ans, mais l'enquête révèle qu'une partie de la population s'y est installée récemment suivant en cela le flot migratoire des dernières années.

Le quartier est bien pourvu en équipements médico-sanitaires (dispensaire), commerciaux (marché), scolaires (école maternelle, école primaire, CEG, proximité du lycée Boganda). Il dispose en outre d'un cinéma dont l'essentiel du programme est constitué par des films de série Z. Comme dans tous les quartiers populaires, petites boutiques de vente au détail et bars y sont nombreux. D'un point de vue administratif, il est géré par une mairie. Il est composé de nombreux sous-quartiers qui regroupent le plus souvent des gens d'une même ethnie avec à leur tête des chefs administratifs. Les quatre principaux sous-quartiers où se sont déroulées nos interviews sont :

- le quartier Bafio composé essentiellement de Gbayas;
- le quartier Mandaba Julien qui regroupe surtout des Ngbaka-Manzas;
- le quartier Ndrès peuplé en majorité de Bandas;
- le quartier Issa où les Manzas sont nombreux.

Ces quatre ethnies sont quantitativement les plus représentées dans l'ensemble du quartier Boy-Rabe et ce sont des personnes appartenant à ces groupes ethniques qui ont été le plus souvent interrogées. Malgré tout, d'autres ethnies sont présentes et il en a été tenu compte dans la réalisation des interviews.

Il ne nous a pas été possible de trouver dans les archives du Ministère de la Coopération un chiffre pouvant donner une idée de la population de ce quartier. D'autre part à l'heure où nous écrivons ces lignes, les chiffres du recensement qui a eu lieu en 1975-76 ne sont pas encore rendus publics; il nous paraît donc imprudent de nous livrer

---

[2]Ndré ou Ndri est le surnom donné par les gens de l'eau à ceux de l'intérieur en l'occurence les Bandas.

à une estimation de la population du quartier qui s'avérera nécessairement fausse et de toute façon d'un intérêt très secondaire en ce qui concerne notre travail. En effet, en raison de la faiblesse de nos moyens et du contexte général, il n'a pu être procédé à aucun sondage ni estimation préalable. Les personnes interrogées ont été choisies en fonction de certains critères comme nous allons l'exposer au chapitre suivant.

5. DÉROULEMENT DE L'ENQUÊTE

L'enquête s'est déroulée de janvier à juin 1975 avec l'aide de deux informateurs principaux et de quelques informateurs occasionnels, tous habitants du quartier.

Nous avons utilisé le "questionnaire sur les langues en contact" réalisé par Jacqueline M.C. THOMAS et Jean-Pierre CAPRILE (L. BOUQUIAUX et J.M.C. THOMAS, éds, 1971; nous publions en annexe l'intégralité de ce questionnaire). Chaque enquêteur a dû d'abord le remplir et lors de la réalisation des interviews, un informateur nous accompagnait. En effet, les conversations se sont déroulées dans leur majorité en sango sauf lorsque la personne interrogée nous avait déclaré connaître le français. La présence d'un informateur était donc indispensable pour la traduction des questions et des réponses. Les deux enquêteurs principaux ont en outre réalisé seuls bon nombre d'interviews. A la fin de l'enquête, nous avons conservé les réponses à 500 questionnaires.

Nous avons résolu de choisir nos interlocuteurs en tenant compte de trois critères : l'âge, le sexe, l'ethnie.

Les principes qui nous ont guidée ont été la volonté de mettre l'accent sur certains problèmes et le désir de maintenir une diversité dans le choix. Ces deux principes peuvent paraître à première vue contradictoires et nous devons nous expliquer plus longuement à ce sujet.

Nous avons choisi la diversité en ce qui concerne l'âge puisque les personnes choisies ont entre 15 et 84 ans. Cependant, étant à l'époque professeur dans l'enseignement secondaire, nous étions chaque jour confrontée avec les problèmes des jeunes et nous avons tenu à les voir fortement représentés dans cette enquête : 198 personnes interrogées sur 500 ont moins de 25 ans. Nous n'avons pas regretté ce choix car lors du dépouillement de l'enquête cette catégorie s'est révélée différente des autres sur bien des points[3].

Il n'en a pas été de même pour le critère ethnique que nous avions aussi retenu. Nous avions choisi de donner une forte représentativité au groupe Gbaya-Manza pour plusieurs raisons : d'une part ce groupe compte de nombreux éléments dans le quartier (nous avons cité dans le chapitre précédent trois sous-quartiers essentiellement peuplés de membres du groupe Gbaya-Manza : Gbayas, Manzas et Ngbaka-Manzas) ; d'autre part des raisons pratiques nous ont guidée : nous avions des connaissances assez nombreuses au quartier Bafio et nos deux enquêteurs principaux, tous deux Ngbaka-Manzas habitaient le quartier Mandaba Julien. Enfin le groupe Gbaya-Manza présente des ethnies bien différenciées linguistiquement, ce qui permettait de faire des observations à l'intérieur du groupe. D'autre part les autre ethnies étant aussi représentées, nous espérions pouvoir faire des comparaisons d'un groupe linguistique à l'autre. Malheureusement, au cours du dépouillement, la variable "ethnie" s'est révélée assez peu significative.

Le troisième critère de choix concernait le sexe de la personne interrogée : au début de l'enquête nous avions résolu de prendre 250 hommes et 250 femmes. Hélas, nous avons dû modifier ces proportions en cours d'enquête. En effet, les femmes se révélèrent beaucoup plus réfractaires à l'interview que les hommes. D'autre part, leurs réponses se trouvaient être assez semblables et il nous est vite apparu que les hommes avaient des contacts linguistiques beaucoup plus variés, ceci était dû sans doute à leur position différente dans la société. Néanmoins, au cours de l'exploitation des données, les réponses des femmes nous ont paru différentes de celles des hommes sur bien des points et nous ont semblé mériter une étude plus approfondie. Dans ce travail, il sera en effet tenu compte du sexe de la personne interrogée dans les cas où cette variable s'est avérée très significative. Cependant, nous ne pensons pas avoir pu tirer l'ensemble des conclusions nécessaires et une étude détaillée des choix linguistiques féminins serait de la plus grande utilité notamment en ce qui concerne l'impact de ces choix sur l'éducation des enfants.

Une autre variable que nous n'avions pas retenue au départ est venue s'insérer parmi les critères de choix dans la dernière partie de l'enquête, il s'agit du niveau scolaire. Certains lecteurs seront peut-

[3] La population centrafricaine compte environ 50 % de moins de vingt ans.

être surpris par le grand nombre d'analphabètes retenus (environ la moitié des personnes interrogées), nous sommes cependant persuadée que ce chiffre est en deçà de la réalité. Il nous a fallu nous battre chaque jour avec nos enquêteurs qui tenaient à nous présenter les plus lettrés du quartier. Les dernières interviews ont donc été uniquement réalisées avec des analphabètes. En effet, les conditions historiques dont il a été rendu compte précédemment, expliquent que l'analphabétisme soit encore grand parmi la population centrafricaine malgré les efforts du gouvernement pour pallier cet état de fait. Une étude de ce type — même si elle était, au départ, très axée sur l'analyse des comportements de la jeunesse — se devait de prendre ce problème en considération.

Il ressort des conditions dans lesquelles s'est déroulée cette enquête que l'étude qui va suivre ne prétend pas être une étude statistique du quartier, elle espère simplement mettre en évidence un certain nombre de corrélations et ainsi faire la lumière sur certains faits particuliers caractéristiques de cet état qui est l'un des rares pays d'Afrique à posséder une langue nationale comprise par une grande partie de la population.

Remerciements

Cette étude a été entreprise sous la direction de Luc BOUQUIAUX, Maître de Recherche au CNRS. Nous voudrions le remercier ainsi que Jacqueline M.C. THOMAS de l'aide qu'ils ont bien voulu nous apporter dans l'accomplissement de ce travail et des conseils qu'ils n'ont cessé de nous prodiguer.

Nos remerciements vont aussi à Yves MOÑINO et à Jean-Pierre CAPRILE pour l'intérêt qu'ils ont manifesté pour cette recherche.

L'absence de tout crédit d'enquête limitait au minimum nos moyens en matériel et en personnel. C'est pourquoi nous remercions les élèves du lycée Jean-Bedel BOKASSA, et tout particulièrement Etienne WILIVI et Thomas SELE, qui nous ont aidé à réaliser ces interviews.

Que tous ceux qui, de près ou de loin, se sont intéressés à cette étude se voient ici assurés de notre profonde gratitude.

1. PRÉSENTATION DES PERSONNES INTERROGÉES

1.1. LES PRINCIPAUX CRITÈRES DE CHOIX PENDANT L'ENQUÊTE: ÂGE, SEXE, ETHNIES[4]

Les personnes que nous avons interrogées ne constituent pas un groupe homogène, mais ont été choisies en fonction d'un certain nombre de critères :

Le *premier critère* retenu était l'*âge* : notre but était de réfléchir sur les problèmes que posait l'apparition d'une nouvelle génération de citadins, citadins à part entière ceux-là puisque nés à Bangui. Nous avons donc décidé d'accorder une large place à ceux qui avaient moins de 25 ans au moment de l'enquête. Malgré tout, nous avons tenu à interroger des personnes de tous les âges de façon à suivre par comparaison l'évolution de ce phénomène.

Le *deuxième critère* retenu a été le *sexe* : notre intention était au départ d'obtenir une représentation à peu près égale des deux sexes mais nous avons expliqué dans notre introduction pourquoi nous avons dû y renoncer.

Le *dernier choix* s'est fait en fonction de l'*ethnie* : le quartier

[4] Les raisons qui nous ont poussée à faire intervenir le critère "niveau scolaire" en cours d'enquête ont été exposées dans notre introduction. Cette variable sera étudiée dans le chapitre 1.3.

étant en majorité peuplé de membres du groupe Gbaya-Manza il nous a paru logique de leur accorder une forte représentation.

Le questionnaire avait été réalisé de manière à interroger des individus, peut-être aurait-il été intéressant de s'adresser à des groupes familiaux, mais il aurait fallu modifier sa présentation de façon à toucher les chefs de famille et nous n'avions pas cet objectif au départ. Après, bien sûr, il n'était plus possible de modifier le questionnaire.

Voici la répartition des 500 personnes interrogées selon les trois critères retenus au début de l'enquête :

Sexe

Nous avons conservé les interviews de 331 hommes et de 169 femmes.

Age

La plus jeune des personnes interrogées avait 15 ans au moment de l'enquête et la plus âgée 82 ans. Nous avons choisi des personnes nées au plus tard en 1960 - date de l'indépendance -.

Nos interlocuteurs ont été répartis en groupes d'âge. L'intervalle était de dix ans en allant de 15 à 55 ans. Passé cet âge nous avons constaté, d'une part que les effectifs seraient trop peu nombreux si l'on continuait à maintenir cet intervalle, d'autre part que ces personnes, nées avant 1920, donnaient à de rares exceptions près des réponses assez semblables aux questions posées. Nous avons donc décidé de les regrouper dans une seule catégorie : "les plus de 55 ans".

Nous obtenons donc cinq groupes d'âge qui se répartissent comme suit :

Tableau 1 - Répartition par âge et par sexe des personnes interrogées.

Dans ce tableau, nous avons jugé utile de procéder parallèlement à une répartition par sexe de façon à faire ressortir le pourcentage d'hommes et de femmes dans chaque groupe d'âge.

GROUPES D'AGE	*TOTAL*	*POURCENTAGE*	*HOMMES*		*FEMMES*	
			Nbre	*%*	*Nbre*	*%*
15-25 ans	198	39,6	146	73,73	52	26,26
26-35 ans	83	16,6	39	46,98	44	53,02
36-54 ans	69	13,8	36	52,17	33	47,82
46-55 ans	84	16,8	59	70,23	25	29,76
Plus de 55 ans	66	13,2	51	77,27	15	22,72

Ces chiffres peuvent paraître élevés pour les hommes de plus de 45 ans alors que pour les autres groupes d'âge et les femmes, le nombre va décroissant. Ces résultats sont fortuits et dus aux choix des enquêteurs - probablement parmi leurs proches -.

Ethnie

Le quartier Boy-Rabe dans son ensemble est divisé en sous-quartiers habités généralement par des membres d'une même ethnie. Les plus nombreux sont ceux qui appartiennent aux groupes linguistiques Gbaya-Manza et Banda. Nous avons décidé de donner une large place aux membres du groupe Gbaya-Manza et d'utiliser les autres comme points de comparaison.

Le classement qui suit a été établi d'après la "liste des langues des plateaux d'Afrique Centrale" selon la classification de J.H. GREENBERG (1964) complétée par J.M.C. THOMAS (1972).

Voici la répartition de notre effectif par grands groupes linguistiques :

Ensemble gbaya-manza	288	57,6 %
Ensemble sango-yakoma	37	7,4 %
Ensemble ngbaka-ma'bo	47	9,4 %
Ensemble banda	78	15,6 %
Ensemble nzakara-zandé	27	5,4 %
Ethnies diverses	23	4,6 %

Voici maintenant la répartition à l'intérieur de chaque groupe :

Groupe Gbaya-Manza

Ngbaka- Manza	92
Gbaya	76
Manza	60
Gbanu	24
Ali	20
Gbagiri	15
Mbofi	1

Nous avons classé l'ethnie "Gbagiri" dans le groupe Gbaya-Manza bien que nous n'ayons trouvé mention de cette ethnie nulle part. A la question "Quelles langues considérez-vous comme parentes de votre langue?", ils ont tous cité des langues du groupe Gbaya-Manza. Des Gbayas et des Ngbaka-Manzas interrogés à leur sujet nous ont déclaré qu'ils parlaient une langue voisine de la leur. Ils semblent être localisés dans la région de Carnot-Yaloké.

Groupe Ngbaka-Ma'bo

Ngbaka	27
Gbandili	18
Bulaka	2

Groupe Yakoma-Sango

Yakoma	32
Sango	5

Groupe Banda

Banda[5]	57
Ngbundu	8
Langbassi	4
Togbé	1
Dakpa	8

Groupe Zandé-Nzakara

Zandé	22
Nzakara	5

Autres ethnies

Nous avons regroupé sous ce vocable les ethnies qui n'appartiennent pas aux cinq groupes linguistiques cités plus haut et présents en Centrafrique.

Nous avons interrogé des membres des ethnies suivantes :

Mbati	9
Sara	5
Kaba	1
Kari	4
Valé	3
Igbo	1

Le mbati ou isongo est une langue du groupe Bénoué-Congo. Elle est parlée par un groupe ethnique de la Lobaye. C'est une des rares langues bantoues parlées en Centrafique.

[5]Nous n'ignorons pas que sous l'appellation "Banda" sont groupés plusieurs dialectes. Cependant dans une enquête comme celle-ci il nous a paru d'un intérêt secondaire de chercher à faire la répartition en tenant compte du lieu de naissance — d'autant plus que certains sont nés à Bangui —. Nos interlocuteurs se sont déclarés conscients d'appartenir à un groupe ethnique (les Bandas), c'est ce groupe qui nous intéresse dans cette étude.

Le sara et le kaba appartiennent à la famille Nilo-Saharienne de même que la langue valé. Ces trois langues sont parlées au nord du pays.

Le kari est une langue du groupe Adamawa-Oubangui mais de la branche Adamawa alors que la majorité des langues présentes en Centrafrique appartiennent à la branche Oubangui.

Le ibo est une langue parlée au Nigéria. La personne qui l'utilise est un ressortissant de ce pays émigré au moment de la guerre du Biafra. Il va de soi que cette langue n'a aucune implantation historique sur le territoire centrafricain.

Les trois variables que nous venons d'énumérer sont intervenues dans le choix des personnes interrogées. Les deux variables qui vont être exposées dans les chapitres suivants (degré d'insertion en ville et niveau socio-culturel) ont été élaborées au cours du dépouillement de l'enquête.

Nous employons le mot "variable" dans le sens courant qu'il a en sciences sociales et que rappellent BOUDON et LAZARSFELD (1971 : 9) : "Résultat de la partition d'ensemble d'objets selon un ou plusieurs critères spécifiques".

1.2. DEGRÉ D'INSERTION EN VILLE

Dans cette rubrique, nous ne ferons pas une étude du comportement du citadin mais nous essaierons de définir le degré d'insertion en ville des personnes interrogées en tenant compte de trois critères :

1) Le lieu de naissance
2) La durée de résidence à Bangui
3) L'âge d'arrivée dans la capitale.

Nous ferons aussi mention des séjours effectués par certains de nos interlocuteurs dans d'autres villes.

Nous pensons ainsi définir quelques-uns des facteurs qui ont pu avoir une influence sur les comportements linguistiques et culturels des habitants.

On ne perdra pas de vue que la ville de Bangui a changé d'aspect au cours de ces dernières décennies et que les nouveaux migrants sont en bien des points différents des anciens, aussi est-il nécessaire de déterminer l'époque de la migration en fonction du groupe d'âge auquel appartient l'individu.

Nous pensons pouvoir donner une idée générale du peuplement du quartier en mettant ces données en rapport avec l'expansion de la capitale.

Le lieu de naissance

Parmi les personnes interrogées, 177 sont nées dans la capitale soit 34,4 % de l'effectif. 250 (50 %) sont nées dans une ville de province.

Nous avons considéré comme villes de province, toutes les préfectures et sous-préfectures actuelles ; nous savons bien qu'elles n'ont pas toujours eu la même importance, mais il était difficile d'avoir plus de précisions, les renseignements sur l'évolution démographique de ces villes étant fort rares. Nous avons cependant constaté que presque toutes avaient eu une fonction administrative durant la colonisation ou tout au moins qu'elles étaient le siège d'une mission chrétienne.

Les 73 individus restants sont nés dans un village.

Il nous a paru intéressant de mettre en rapport les lieux de naissance avec les groupes d'âge (Tableau 2).

TABLEAU 2 - Lieu de naissance en fonction du groupe d'âge

GROUPES D'AGE	*NES A BANGUI*		*NES DANS UNE VILLE DE PROVINCE*		*NES DANS UN VILLAGE*	
	Nbre	%	Nbre	%	Nbre	%
15-25 ans	135	**68,18**	53	26,76	10	5,05
26-35 ans	27	32,53	43	**51,80**	13	15,66
36-45 ans	13	18,84	44	**63,76**	12	14,45
46-55 ans	2	2,38	62	**73,80**	20	23,80
+ 55 ans	0	—	48	**72,72**	18	27,27

Le pourcentage est calculé en fonction du nombre de personnes dans chaque groupe d'âge.

Nous voyons que la quasi totalité des individus de plus de 45 ans sont des migrants alors que la majorité de ceux qui ont moins de 25 ans sont nés dans la capitale.

Ces chiffres ne sont pas dus au hasard de l'enquête ; il ne faut pas oublier qu'en 1934 Bangui ne comptait que 19 000 habitants et que son expansion s'est faite principalement après la seconde guerre mondiale. De même, il ne faut pas attribuer au seul hasard le fait que plus de 70 % de personnes âgées de plus de 45 ans soient nées dans une ville de province. Les transformations amenées par la colonisation ont provoqué ces mouvements de population. Leurs parents avaient probablement quitté le village et migré vers les grands centres (voir le nombre peu élevé de plus de 45 ans nés dans un village). Quant à eux, ils ont parcouru la deuxième étape sur le chemin qui mène du village vers la capitale.

Le tableau 3 qui étudie la durée de la résidence à Bangui nous permet de mieux situer dans le temps les courants migratoires.

Durée de la résidence à Bangui

TABLEAU 3 - Durée de la résidence à Bangui

DUREE DE LA RESIDENCE A BANGUI	*NES DANS UNE VILLE DE PROVINCE*		*NES DANS UN VILLAGE*		*T O T A L*	
	Nbre	%	Nbre	%	Nbre	%
0-5 ans	17	6,8	5	6,84	22	6,81
6-10 ans	30	12	7	9,58	37	11,45
11-15 ans	42	16,8	10	13,69	52	16,09
16-20 ans	43	17,2	24	32,87	67	20,74
21-25 ans	34	13,6	13	17,80	47	14,55
26-30 ans	34	13,6	5	6,84	39	12,07
31-35 ans	18	7,2	5	6,84	23	7,12
36-40 ans	16	6,4	2	2,73	18	5,57
41-45 ans	11	4,4	2	2,73	13	4,02
46-50 ans	5	2	0	–	5	1,54

Le pourcentage est calculé en fonction du nombre de personnes nées dans une ville ou dans un village puis par rapport au total des migrants soit 323.

La majorité des personnes interrogées vivent à Bangui depuis vingt ans ou moins de vingt ans (55,18 %) c'est-à-dire qu'elles sont arrivées dans les années cinquante. Cependant on remarque que le courant migratoire a commencé à s'amplifier il y a trente ans environ c'est-à-dire vers 1940. Il faut mettre ces chiffres en rapport avec ceux que donne Pierre KALCK (1971 : 15) concernant l'accroissement de Bangui. Selon ses sources la population de cette ville est passée de 39 300 habitants en 1949 à 58 000 en 1954 puis à 88 700 en 1962 pour atteindre 152 000 en 1966. Nous voyons d'après ces chiffres que la croissance de Bangui a surtout commencé dans les années 50 et que les données de notre tableau rejoignent cette affirmation. Cependant, nos chiffres concernant les dernières années peuvent laisser croire à un certain tassement du phénomène. Est-ce au niveau du quartier ou de la ville tout entière ? Seule une étude démographique pourrait nous donner des éclaircissements. Notre but n'était pas là, il s'agissait plutôt de voir l'impact de la durée de la résidence en ville sur le comportement linguistique et culturel des personnes interrogées. Il était donc pour cela nécessaire de connaître l'âge d'arrivée dans la capitale.

Age d'arrivée à Bangui

TABLEAU 4 - Age d'arrivée à Bangui

AGE D'ARRIVEE A BANGUI	*NES DANS UNE VILLE DE PROVINCE*		*NES DANS UN VILLAGE*		*T O T A L*		
	Nbre	%	Nbre	%	Nbre	Pourcentages	
0-5 ans	38	15,2	7	9,58	45	13,93	
6-10 ans	18	7,2	5	6,84	23	7,12	*34,98*
11-15 ans	40	10	5	6,84	45	13,93	
16-20 ans	55	22	18	24,65	73	22,60	
					186	**57,58**	*48,60*
21-25 ans	31	12,4	8	10,95	39	12,07	
26-30 ans	22	8,8	7	9,58	29	9,87	*32,15*
31-35 ans	23	9,2	10	13,69	33	10,21	
36-40 ans	10	4	4	5,47	14	4,33	
					115	**35,60**	
41-45 ans	5	2	1	1,36	6	1,85	
46-50 ans	5	2	1	1,36	6	1,85	
+ de 50 ans	3	1,2	7	9,58	10	3,09	
					22	**6,81**	

Comme dans le précédent tableau, les pourcentages sont calculés en fonction du nombre de personnes nées dans une ville ou dans un village puis par rapport au total des migrants.

L'âge le plus opportun pour venir s'installer en ville semble être situé entre 11 et 25 ans (surtout à la fin de l'adolescence). Il s'agit donc pour la plupart des cas de migrations volontaires. On doit noter que si beaucoup d'individus migrent pour trouver du travail, un certain nombre viennent à la ville entre douze et quinze ans pour poursuivre leur scolarité et notamment pour y subir les épreuves du concours d'entrée en sixième. L'émigration s'est faite pour la majorité des personnes interrogées (57,58 %) avant l'âge de vingt ans. Si nous ajoutons à ce chiffre celui des natifs de Bangui, nous constatons que près des trois quarts (72,6 %) de notre effectif était arrivé dans cette ville avant l'âge de vingt ans.

Il faut cependant nuancer ce jugement en mettant en rapport l'âge d'arrivée et la classe d'âge à laquelle appartient l'individu (Tableaux 5 et 5 bis. Pour ces deux tableaux, les pourcentages ont été calculés en considérant l'effectif de chaque groupe d'âge).

TABLEAU 5 - Age d'arrivée à Bangui
Répartition selon les classes d'âge (intervalle 5 ans)

CLASSE D'AGE		Nés à Bangui	Arrivés entre 0-5 ans	Arrivés entre 6-10 ans	Arrivés entre 11-15 ans	Arrivés entre 16-20 ans	Arrivés entre 21-25 ans	Arrivés entre 26-30 ans	Arrivés entre 31-35 ans	Arrivés entre 36-40 ans	Arrivés entre 41-45	Arrivés entre 46-50	Arrivés à + de 50 ans
15-25 ans	Nombre	135	29	11	15	8	0	/	/	/	/	/	/
	%	68,18	14,64	5,55	7,57	4,04							
26-35 ans	Nombre	27	11	6	9	22	4	1	3	/	/	/	/
	%	32,53	13,25	7,22	10,84	26,50	4,81	1,20	3,61				
36-45 ans	Nombre	13	4	5	13	16	10	2	4	2	/	/	/
	%	18,84	5,79	7,24	18,84	23,18	14,49	2,89	5,79	2,89			
46-55 ans	Nombre	2	1	1	6	19	14	14	17	6	2	2	/
	%	2,38	1,19	1,19	7,14	22,61	16,66	16,66	20,23	7,14	2,38	2,38	
+ de 55 ans	Nombre	0	0	0	2	8	11	12	9	6	4	4	10
	%				3,03	12,12	16,66	18,18	13,63	9,09	6,06	6,06	15,15
Total		177	45	23	45	73	39	29	33	14	6	6	10

TABLEAU 5 bis - Age d'arrivée à Bangui
Répartition selon les classes d'âge (intervalle 20 ans)

ARRIVES A BANGUI	AVANT 20 ANS			ENTRE 21 ET 40 ANS		APRES 40 ANS	
	Nés à Bangui	Arrivés avant 20 ans	%	Nbre	%	Nbre	%
15-25 ans	135	63	100	0	-		
26-35 ans	27	48	90,36	8	9,63		
36-45 ans	13	38	73,91	18	26,08		
46-55 ans	2	27	34,52	51	60,71	4	4,76
+ 55 ans	0	10	15,15	38	57,57	18	27,27

Les conclusions que nous pouvons tirer de l'examen de ces deux tableaux sont :

a) que la plus jeune partie de notre effectif est venue à Bangui très tôt;
b) que dans sa majorité, elle y est née;
c) que les plus de 45 ans sont rarement venus dans la capitale avant l'âge de vingt ans (il en est même un certain nombre, parmi les plus de 55 ans, à être venus après l'âge de quarante ans).

Nous ne prétendons pas tirer des conclusions générales à propos de l'ensemble du quartier mais il faudra considérer que, dans notre effectif, les jeunes sont en majorité des citadins à part entière alors que les plus âgés sont des migrants installés en ville parfois très tard.

De ce point de vue, il paraît intéressant de savoir si ces personnes ont résidé dans d'autres villes avant de venir habiter Bangui.

Résidence dans d'autres villes

46 personnes (9,2 % du total ou 14,24 % de l'ensemble des migrants) ont déclaré avoir fait un séjour dans d'autres villes avant de prendre le chemin de la capitale; 35 d'entre eux ont plus de 55 ans.

Parmi eux :

- 16 ont quitté le village pour s'installer dans une ville de province, généralement la plus proche.
- 5 ont changé de ville.
- 25 ont quitté le pays pour faire des séjours à l'étranger; parmi ceux-ci, nous trouvons 11 anciens combattants. Les pays les plus souvent cités sont le Congo-Brazzaville (6 fois), le Tchad (4 fois),

et la France (pour quelques anciens combattants et un jeune qui a vécu là-bas avec ses parents).

Ces chiffres sont peu importants, cela voudrait-il dire que Bangui est le but que l'on se fixe en migrant ?

Il faut rappeler que Bangui est la seule ville importante du pays, qu'elle est à la fois une capitale politique, administrative et économique.

Les seize personnes qui ont quitté le village pour la ville sont, ou bien des jeunes venus poursuivre leurs études au collège de la préfecture voisine, ou bien des personnes âgées ayant fait une halte dans une ville de moyenne importance avant de s'installer dans la capitale.

On pourrait donc penser que les autres villageois sont venus directement du village au quartier sans transition (ou peut-être celle-ci est-elle si courte qu'ils ont préféré omettre de la citer). Il est possible d'ailleurs qu'ils soient venus à Bangui en suivant un parent qui y travaillait déjà et chez qui ils étaient assurés de trouver gîte et couvert.

Quoiqu'il en soit, nous pouvons, à travers ces chiffres, voir sommairement l'histoire du peuplement du quartier. Il semble en effet que certains vieux résidents n'ont jamais changé de place, construisant une maison, dès qu'ils en avaient les moyens, à côté de la case du parent qui les avait accueillis. En ce qui concerne les plus jeunes, la mobilité est plus grande puisque la plupart d'entre eux ne sont pas encore installés, logeant soit chez des tuteurs, soit dans des cases de location.

Parmi ces jeunes, beaucoup sont encore scolarisés, profitant des facilités qu'offre la capitale dans ce domaine. Par contre, nous pouvons penser que les personnes âgées qui sont venues à Bangui après l'âge de vingt ans n'ont pas pu bénéficier de ces mêmes facilités. C'est ce qu'il sera aisé de démontrer dans le chapitre suivant, consacré à l'étude du niveau socio-culturel des personnes interrogées.

1.3. NIVEAU SOCIO-CULTUREL

Nous utiliserons pour la construction de cette variable deux composantes : le diplôme et la profession.

TABLEAU 6 - Diplômes
Répartition suivant les groupes d'âge

		ANALPHABETES		INFERIEUR au CEP		CEP ou PLUS		BEPC ou PLUS	
		Hommes	Femmes	Hommes	Femmes	Hommes	Femmes	Hommes	Femmes
15-25 ans	Total	10	15	6	3	91	23	39	11
	%	6,84	28,84	4,10	5,76	62,32	44,23	26,71	21,15
26-35 ans	Total	12	34	5	1	9	7	13	2
	%	30,76	77,27	12,86	2,27	23,07	15,90	33,33	4,54
36-45 ans	Total	17	29	4	1	7	3	8	0
	%	47,22	87,87	11,11	3,03	19,44	9,09	22,22	-
46-55 ans	Total	47	24	5	1	3	0	4	0
	%	79,66	96	8,47	4	5,08	-	6,77	-
+ 55 ans	Total	45	15	3	0	1	0	2	0
	%	88,23	100	5,88	-	1,96	-	3,92	-

Les pourcentages sont calculés en fonction du nombre d'hommes et de femmes dans chaque groupe d'âge.

Diplômes

Nous avons considéré le dernier diplôme obtenu sans tenir compte des années de scolarisation ultérieures. Pour ceux qui sont encore au lycée, elles seront prises en considération dans le chapitre consacré à la scolarisation.

Voici la répartition des personnes interrogées en tenant compte de ce dernier diplôme :

Analphabètes	248	(49,6 %)
Niveau scolaire inférieur au CEPE	29	(5,8 %)
CEPE ou plus	144	(28,8 %)
BEPC ou plus	71	(14,2 %)
Baccalauréat	8	(1,6 %)

Ces chiffres qui n'ont bien sûr rien de représentatif au niveau du quartier[6] sont cités ici globalement de façon à donner un aperçu de la réalité scolaire; le tableau 6 qui met en rapport diplômes et groupes d'âge nous permet d'avoir une idée plus précise de cette réalité.

Le taux d'analphabétisme, qui atteint 90 % chez les plus de 55 ans, est de 12,62 % chez les moins de 25 ans. Il reste malgré tout plus élevé chez les femmes de cet âge (28,84 %). La différence avec la classe d'âge suivante est chez elles très importante puisque pour celles qui ont entre 26 et 35 ans, le taux d'analphabétisme atteint 77,27 %. C'est dire que seules les femmes de moins de 25 ans ont véritablement été touchées par la scolarisation.

En ce qui concerne les hommes, la progression s'est faite plus lentement et moins brusquement. Il serait nécessaire de situer ce problème dans son contexte historique, cette étude sera faite dans le chapitre consacré à la scolarisation.

Dans l'immédiat nous nous contentons d'une présentation sommaire de notre groupe d'étude, présentation que nous allons compléter par une étude des professions.

Professions

La notion de profession en Afrique est une notion difficile à cerner. En effet, mis à part le cas de quelques fonctionnaires et employés

---

[6] Il faut rappeler que nos enquêteurs avaient tendance à interroger de préférence les personnes lettrées.

de sociétés privées qui touchent un salaire régulier, les autres catégories de la population vivent le plus souvent dans un état allant du sous-emploi manifeste au chômage pur et simple en passant par toutes les formes de chômage déguisé.

D'autre part, lorsque votre interlocuteur vous donne le nom de sa profession, il peut très bien l'avoir exercée il y a dix ans et se trouver depuis sans travail dans cette branche. C'est pourquoi il ne faut pas s'attendre à trouver dans ce chapitre des statistiques très précises[7]. Nous avons accepté sans possibilités de contrôle les déclarations de nos interlocuteurs, puis nous avons essayé d'établir une classification sommaire dont voici les données :

TABLEAU 7 - Professions (répartition par sexe)

	Total	*HOMMES*	*FEMMES*
Cultivateurs	66	43	23
Commerçants	56	16	40
Fonctionnaires	57	41	16
*Travailleurs manuels et employés**	117	108	9
Elèves ou étudiants	128	106	22
Sans profession	76	17	59

* La catégorie "travailleurs manuels et employés" est composée de la manière suivante :

Chauffeur	20	Artisan	3
Gardien	12	Tôlier-soudeur	2
Maçon	11	Manoeuvre	2
Charpentier	11	Boy	2
Ferrailleur	8	Magasinier	2
Electricien	6	Serveuse	2
Plombier	5	Vendeur	2
Tailleur	5	Employé	2
Cuisinier	4	Ouvrier	1
Menuisier	4	Conducteur d'engins	1
Mécanicien	4	Employé de maison	1
Peintre	3	Garçons de salle	1

Ce tableau appelle quelques commentaires :

- Tout d'abord, l'importance des personnes se déclarant "cultivateurs" (13,2 %) qui a déjà été signalée dans l'introduction.
- La catégories "commerçant" regroupe aussi bien le commerçant aisé qui tient boutique au quartier (peu nombreux) que la vendeuse épisodique d'arachides ou de sauce tomate. Il faut noter que cette profession est surtout composée de femmes (71,42 %).

[7] Le lecteur intéressé par ce problème trouvera une estimation de la répartition de la population centrafricaine par secteurs dans l'ouvrage chez Pierre KALCK (1971).

- La catégorie des "sans profession" comporte, elle aussi, beaucoup de femmes puisqu'ont été comptées dans cette catégorie toutes celles qui se disaient ménagères (77,63 % des sans emplois sont de sexe féminin).

Le problème des activités féminines est en réalité difficile à résoudre. En effet, si nous totalisons le nombre d'élèves, de fonctionnaires et d'employées, nous arrivons au chiffre de 47 femmes que nous pouvons considérer comme ayant des activités extérieures au foyer (9,4 %). Car devons-nous considérer comme activités extérieures au foyer la culture d'un champ vivrier qui permet à ces femmes de se dire cultivatrices ? Faut-il admettre que le commerce est une profession pour la femme qui améliore le quotidien en faisant griller des arachides ou en fabriquant des pains de manioc qu'elle va revendre avec cent ou deux cents francs de bénéfice par jour ? On devrait considérer toutes les femmes comme commerçantes car quelle est celle qui n'a jamais vendu de beignets ou écoulé un supplément de nourriture venu de brousse ? Ces activités sont, certes, épisodiques mais elles sont le lot de la plupart des habitantes de ce quartier où les commerçantes tenant boutique ou ayant une place fixe au marché sont rares.

Le chiffre des "sans profession" est sans doute en deçà de la réalité puisque certaines personnes sont au chômage temporaire tout en disant être maçon ou cuisinier. D'autres déguisent cet état de fait en faisant un petit commerce misérable qui ne leur rapporte que peu de revenus.

Cette enquête n'a pas un but démographique, il suffit pour nous de pouvoir faire quelques corrélations entre le niveau socio-culturel et d'autres données. Aussi afin de mieux étudier cette variable, nous allons établir une correspondance entre les professions et les diplômes (Tableaux 8 et 8 bis).

TABLEAU 8 - Professions selon le niveau scolaire

NIVEAU SCOLAIRE		Commerçant	Cultivateur	Travailleur manuel	Sans profession	Fonctionnaires	Elèves
Analphabètes	T	48	62	76	62		
	%	19,35	25	30,64	25		
Inférieur au CEPE	T	5	3	16	5		
	%	17,24	10,3	**55,17**	17,24		
CEPE ou plus	T	3	1	24	8	20	88
	%	2,08	0,69	16,66	5,55	13,88	**61,11**
BEPC ou plus	T	0	0	1	1	37	40
	%			1,26	1,26	46,83	**50,63**

Dans ce tableau, le pourcentage est calculé en fonction du nombre de personnes ayant le niveau scolaire cité.

TABLEAU 8 bis - Niveau scolaire selon la profession

PROFESSIONS	Analphabètes		Inférieur au CEPE		CEPE ou plus		BEPC ou plus	
	T	%	T	%	T	%	T	%
Commerçants	48	**85,71**	5	8,92	3	5,35	-	-
Cultivateurs	62	**93,93**	3	4,54	1	1,51	-	-
Travailleurs manuels et employés	76	**64,95**	16	13,67	24	20,51	1	0,85
Sans profession	62	**81,57**	5	6,57	8	10,52	1	1,31
Fonctionnaires	-	-	-	-	20	35,08	37	**64,91**
Elèves	-	-	-	-	88	**68,75**	40	31,25

Dans ce tableau, le pourcentage est calculé en fonction du nombre de personnes exerçant la profession indiquée.

On pourra constater que les professions manuelles sont occupées en majorité par des analphabètes.

Le métier de cultivateur en particulier est réservé en grande partie à ceux qui n'ont pas fréquenté l'école car dès que l'individu est un tant soit peu scolarisé, il délaisse le travail de la terre. C'est une observation fréquente en Afrique et qui vaut aussi pour ceux qui sont installés en ville. Il faut remarquer que ce sont les plus âgés qui sont agriculteurs : 82,25 % ont plus de 45 ans. Les actifs dont l'âge se situe entre 25 et 45 ans sont le plus souvent commerçants ou travailleurs manuels tandis que les moins de 25 ans sont dans leur majorité encore scolarisés.

Le pourcentage élevé de commerçants analphabètes est dû à la présence importante de femmes dans cette corporation. On peut voir qu'il s'agit d'un petit commerce ne nécessitant pas de grandes notions de comptabilité.

Les travailleurs manuels et les employés se recrutent parmi les personnes faiblement scolarisées (rarement plus que le CEPE) et qui, de ce fait, ne peuvent accéder à la fonction publique. Si nous savons que les employés ont un salaire modeste mais régulier, en revanche nous n'avons pas pu déterminer quels travailleurs manuels pratiquaient leur tâche à domicile et lesquels touchaient un salaire. Il semble que beaucoup soient en état de demi-chômage ou de sous-emploi.

Il est difficile en l'absence de toute indication de revenus de dresser un tableau de l'échelle sociale. Il semble qu'il faudrait pouvoir décomposer le groupe en salariés et non salariés mais cela est impossible car nous ne savons pas quels travailleurs manuels sont artisans ou salariés.

Néanmoins, il ne faut pas oublier que sur les 372 personnes qui composent le groupe des actifs, 95 seulement ont le niveau du CEPE, soit 25,53 %.

Nous pouvons donc penser qu'en raison de leur faible qualification ces personnes disposent de revenus assez modestes. L'aspect du quartier peut confirmer cette remarque.

Au cours de cette étude, il sera beaucoup plus souvent tenu compte du niveau scolaire que de la profession exercée, car il est assez difficile de mettre en évidence les différences sociales existant dans le quartier.

Nous pouvons cependant dire brièvement que notre effectif se compose :

- d'une bonne moitié de personnes analphabètes ou faiblement scolarisées qui occupent les emplois les moins rémunérateurs;
- d'environ un quart d'élèves fréquentant encore le lycée;
- d'à peine 20 % de travailleurs ayant une certaine qualification (c'est-à-dire un niveau scolaire au moins égal au CEPE).

1.4. SITUATION LINGUISTIQUE DES PERSONNES INTERROGÉES

Dans ce chapitre, nous étudierons tout d'abord le nombre de langues parlées par nos interlocuteurs, puis notre analyse portera sur leurs langues maternelles.

Nombre de langues parlées

La quasi totalité de notre effectif est multilingue. En effet, nous n'avons rencontré que six cas d'unilinguisme (soit 1,2 %). Ces personnes ont déclaré ne parler que le sango (quatre d'entre elles appartiennent à l'ethnie Sango). Par contre aucun de nos interlocuteurs n'a prétendu ne parler que la langue vernaculaire. Toutes les personnes interrogées parlent le sango : ce fait suffirait à lui seul à rendre compte de l'expansion de cette langue dans la capitale.

Les habitants du quartier sont donc multilingues. Plusieurs cas sont possibles :

a) *LES BILINGUES*

Ils sont au total 276, soit 55,2 % de l'effectif. Deux types de bilinguisme sont possibles :

- le bilinguisme sango-langue vernaculaire
- le bilinguisme sango-français

**Le bilinguisme sango - langue vernaculaire* :
171 personnes se classent dans cette catégorie soit 34,2 % de notre effectif et 61,9 % des bilingues.

**Le bilinguisme sango-français* :
105 de nos interlocuteurs ont ces deux langues à leur disposition soit 21 % du groupe et 38,1 % des bilingues. C'est donc dire que 105 personnes déclarent ne pas parler la langue de leur ethnie.

b) *LES TRILINGUES*

171 individus ont estimé appartenir à ce groupe soit 24,2 % de notre effectif. Deux cas sont possibles :

**Le trilinguisme sango - français - langue vernaculaire*
Cette catégorie regroupe 111 cas soit 22,2 % de l'effectif

**Le trilinguisme sango plus deux langues vernaculaires*
Nous ne trouvons dans ce groupe que 60 personnes soit 12 % du total.

c) *CEUX QUI PARLENT PLUS DE TROIS LANGUES*

Il y a 47 personnes qui déclarent être dans ce cas, soit 9,4 % du groupe. Parmi celles-ci : 38 personnes parlent quatre langues, six en connaissent cinq, deux déclarent pouvoir s'exprimer en six langues et une pense en connaître dix. Bien entendu nous n'avons aucun moyen pour vérifier la véracité de ces déclarations. Cependant, nous avons constaté que la majorité de ceux qui parlaient quatre langues étaient des personnes dont les parents appartenaient à des ethnies différentes. Les autres ont sans doute dû beaucoup voyager !

Quoiqu'il en soit, 38 parmi ces multilingues déclarent parler le français.

En résumé nous constatons :

- que 500 personnes connaissent le sango véhiculaire soit 100 %
- que 289 individus parlent au moins une langue vernaculaire soit 77,8 %
- que 107 en connaissent au moins deux soit 21,4 %
- que par contre 105 ne parlent pas la langue de leur groupe ethnique soit 21 %.
- que 254 de nos interlocuteurs parlent le français soit 50,8 % du total; ce chiffre est très proche de celui des individus scolarisés.

Ces résultats globaux nous permettent de constater l'expansion du sango urbain et la régression des langues vernaculaires puisque celles-ci ne sont désormais plus comprises par l'ensemble des groupes ethniques. Une répartition de ces diverses catégories selon les groupes d'âge nous aidera à éclaircir le problème (Tableau 9).

Nous voudrions tout d'abord noter que les deux personnes unilingues des deux derniers groupes d'âge appartiennent à l'ethnie Sango. Nous pensons, bien entendu, qu'elles sont en mesure de parler autre chose que le sango urbain, mais comme quatre individus de cette ethnie nous ont déclaré ne comprendre que cette langue, sans préciser s'il s'agissait du ngbandi ou du sango véhiculaire, nous avons préféré les classer parmi les unilingues pour éviter toute ambiguïté — les autres personnes étant plus jeunes et ne parlant donc pas obligatoirement le sango des bords du fleuve.

L'étude du Tableau 9 nous montre que les personnes qui ne connaissent pas la langue vernaculaire se situent en grande partie dans le groupe d'âge 15-25 ans puisque celui-ci en comprend 97 sur 105 soit 92,38 %. Ce chiffre qui atteint presque la moitié du total de la classe d'âge nous paraît lourd de conséquences pour l'avenir.

En outre, c'est dans ce groupe que l'on trouve le plus grand nombre d'individus parlant le français : 165 soit 83,33 %. Pour les autres

TABLEAU 9 - Nombre de langues parlées
Répartition selon les groupes d'âge

GROUPES D'AGE	1 LANGUE		BILINGUES				TRILINGUES				PLUS	
	Sango		F / S		S / L V		F / S / L V		S / 2 L V		+ 3 Langues	
	Nbre	%	Nbre	%	Nbre	%	Nbre	%	Nbre	%	Nbre	%
15/25	3	1,51	94	47,47	21	10,60	55	27,7	6	3,03	19	9,5
25/35	1	1,20	10	12,04	33	39,75	23	27,7	8	4,04	8	9,6
35/45	-	0	1	1,4	38	55,07	13	18,84	9	13,04	8	11,5
45/55	1	1,19	-	0	47	55,95	7	8,33	22	26,19	7	8,3
+ 55	1	1,51	-	0	32	48,48	13	19,69	15	22,72	5	7,5
Totaux	6		105		171		111		60		47	

- D'une manière générale - Pour tous les tableaux concernant les langues celle-ci seront désignées par leurs initiales :
  S = Sango F = Français L.V. = langue vernaculaire.
- Les pourcentages sont calculés en fonction du nombre de personnes appartenant à chaque groupe d'âge.

classes d'âge, les effectifs des francophones sont beaucoup plus réduits. La classe suivante en comprend 39 soit 46,98 %, celle des 36-45 ans, 20 soit 28,98 %. L'effectif est encore plus faible pour ceux qui ont entre 46 et 55 ans : 12 soit 14,28 %. Quant aux plus âgés, la présence des anciens combattants et le petit nombre de femmes que compte ce groupe, font que l'effectif de ceux qui disent parler le français s'élève à 18 sur 66 soit 27,27 %.

Il semble que l'expansion du sango ait pour conséquence de restreindre l'apprentissage des langues des autres ethnies. En effet, près d'un tiers des membres des deux derniers groupes d'âge était capable de s'exprimer en deux langues vernaculaires au moins; ce pourcentage n'atteint plus que 12 % environ parmi les plus jeunes. Seuls parlent deux langues vernaculaires, ceux dont les parents appartiennent à des ethnies différentes et bien souvent ils éludent la difficulté en parlant sango avec leurs parents.

Du fait de leur moindre scolarisation, il est fort probable que les femmes parlent moins le français que les hommes. Qu'en est-il pour les autres langues ? Le Tableau 10 apportera des éléments de réponses à cette question.

Il nous montre en effet, que les femmes, d'une manière générale, paraissent parler moins de langues que les hommes. Il faut dire qu'elles ont moins de contact avec l'extérieur du fait que la plupart d'entre elles sont seulement ménagères. D'autre part, l'ignorance du français par une bonne partie d'entre elles y contribue. En effet nous n'avons compté que 48 femmes parlant le français c'est-à-dire 28,40 % du total alors que ce chiffre atteint 206 chez les hommes soit 62,23 %.

TABLEAU 10 - Nombre de langues parlées
Répartition selon le sexe

NOMBRE DE LANGUES	*NOM DES LANGUES*	*HOMMES*				*FEMMES*			
		N	%	*T*	%	*N*	%	*T*	%
1 langue	*S*	1	0,30			5	2,96	5	2,96
2 langues	*S. LV.*	81	24,27	166	50,15	90	53,25	110	65,08
	S. F.	85	25,67			20	11,83		
3 langues	*F.S.LV.*	89	26,88	123	37,16	22	13,01	48	28,40
	S + 2 LV.	34	10,27			26	15,38		
Plus de 3 langues	*S + divers*	41	12,38	41	12,38	6	3,55	6	3,55

Pourcentages calculés selon le nombre d'individus de chaque sexe.

Il faut aussi remarquer que la majorité des femmes est bilingue sango / langue vernaculaire (53,23 %) alors que seulement un quart de l'ensemble des hommes est dans ce cas. Les hommes ont donc une expérience linguistique plus variée due en grande partie à leur scolarisation plus poussée.

Les femmes apparaissent comme plus conservatrices en ce qui concerne la langue vernaculaire : 144 femmes déclarent en parler au moins une (85,20 %) alors que le pourcentage n'atteint que 74,01 % chez les hommes c'est-à-dire 245 individus.

Il est intéressant, pour récapituler les données de ce problème, de dresser deux tableaux :

- Le Tableau 11 qui indique le nombre de personnes parlant le français.
- Le Tableau 12 qui considère celles qui connaissent au moins une langue vernaculaire.

TABLEAU 11 - Répartition par âge et par sexe de ceux qui parlent le français

GROUPES D'AGE	*HOMMES*		*FEMMES*	
	Nombre	%	*Nombre*	%
15-25 ans	132	83,5	33	63,4
26-35 ans	28	71,7	11	25
36-45 ans	17	47,2	3	9
46-55 ans	11	18,6	1	4
Plus de 55 ans	18	35,2	0	-

TABLEAU 12 - Répartition par âge et par sexe des personnes parlant au moins une langue vernaculaire

GROUPES D'AGE	*HOMMES*		*FEMMES*	
	Nombre	%	*Nombre*	%
15-25 ans	70	47,9	31	59,6
26-35 ans	31	79,6	41	93,1
36-45 ans	35	97,2	33	100
46-55 ans	59	100	24	96
Plus de 55 ans	50	98,23	15	100

Les pourcentages sont calculés dans ces deux Tableaux en fonction du nombre d'hommes et de femmes appartenant à chaque groupe d'âge.

Un autre facteur a pu influencer l'apprentissage des langues par le sujet, il s'agit de son origine. Le Tableau 13 nous révèle que le bilinguisme sango/français est (ou était) un phénomène essentiellement banguissois, encore que huit personnes (toutes âgées de moins de 25 ans et nées dans une ville de province) étaient dans ce cas. Ces personnes ont appris à parler dans les années soixante. Qu'en est-il quinze ans plus tard ? Seule une enquête à grande échelle pourrait le déterminer. Personnellement nous avons rencontré dans des villes de province des enfants non scolarisés ne parlant que le sango.

Il faut aussi noter que le fait d'être né en province semble plus porter au multilinguisme que d'être né à Bangui. Nous devons cependant nuancer cette affirmation, en constatant que sont nées dans l'intérieur du pays les personnes les plus âgées de notre groupe et que si cette affirmation était vraie il y a quelques décennies, l'expansion du sango a peut-être modifié les choses.

Les gens qui sont nés dans un village ne semblent pas défavorisés en ce qui concerne l'étude du français par rapport à ceux qui vivent dans une préfecture. Il faut dire que ceux qui ont été scolarisés avaient le plus souvent quitté le village pour la ville la plus proche. Néanmoins, nous constatons dans ce domaine une très grande différence entre la province et la capitale due au fait que les personnes nées en province sont pour la plupart très âgées. Qu'en est-il à l'intérieur d'une même classe d'âge ? Nous reverrons ce problème dans le chapitre consacré à la scolarisation.

Nous avons constaté que la majeure partie des gens qui ne parlent pas la langue vernaculaire sont nés à Bangui. On peut supposer que ces individus qui sont des citadins à part entière ont pour langue première le sango. Sont-ils les seuls ? Nous allons étudier ce problème dans le chapitre suivant.

TABLEAU 13 - Nombre de langues parlées
Répartition selon le lieu de naissance

	NES A BANGUI		*NES DANS UNE VILLE DE PROVINCE*		*NES DANS UN VILLAGE*	
Sango seul	3	1,69	2	0,8	1	1,36
S + F	17	**54,80**	8	2,80	0	0
S + LV	22	12,42	119	**47,6**	30	**41,09**
F/S/LV	40	*22,59*	53	*21,2*	18	*24,65*
S + 2 LV	4	2,25	40	16	16	*21,91*
+ de 3 langues	11	6,21	28	11,2	8	10,95

Les pourcentages sont calculés en fonction du nombre de personnes nées dans l'endroit cité.

Langues premières

Nous employons l'expression "langue première" de préférence à langue maternelle car si les parents ne sont pas de même ethnie, c'est presque toujours la langue de l'ethnie du père qui est apprise, ou plus récemment le sango, mais rarement celle de la mère[8]. Il vaudrait donc mieux parler de langue "paternelle". L'expression "langue première" résout cette ambiguïté.

237 personnes ont pour langue première une langue vernaculaire, soit 47,4 % du total. Pour 258 d'entre elles c'est le sango (51,6 %). Cinq personnes déclarent ne pas pourvoir dire qui de la langue vernalaire ou du sango a été leur premier parler[9].

Ces données doivent être nuancées par le fait que 81 personnes déclarant avoir pour langue première le sango, nous ont dit avoir appris la langue vernaculaire à l'âge de deux ou trois ans c'est-à-dire à l'âge où l'enfant commence à s'exprimer. On peut donc supposer que

---

[8]Parmi les 59 cas recensés, nous avons constaté que 27 avaient pour langue première le sango et 32 la langue vernaculaire (parmi lesquels 5 seulement ont commencé par apprendre la langue de la mère). Les plus jeunes (moins de 35 ans) ont tendance à apprendre le sango comme première langue (22 contre 12). Chez les plus âgés, la proportion s'inverse (20 ont appris la langue vernaculaire et 5 le sango).

[9]Si nous consultons le Tableau 16, nous voyons qu'ils sont en fait beaucoup plus nombreux.

ces 81 personnes (soit 31,39 % de celles qui ont le sango pour langue première) ont appris les deux langues simultanément ou tout au moins que celles-ci sont parlées dans la famille. Si ces personnes déclarent avoir le sango pour langue première, cela vient du fait que celui-ci a un caractère de prestige plus accentué que les langues vernaculaires.

L'apprentissage du sango comme langue première a touché de la même manière les hommes et les femmes : 50,75 % pour la première catégorie, 53,25 % pour la seconde.

C'est l'âge de la personne interrogée qui détermine, en premier lieu, le fait qu'elle ait d'abord appris la langue vernaculaire ou le sango.

TABLEAU 14 - Langue première
Répartition selon les groupes d'âge

GROUPES D'AGE	*LANGUE PREMIERE = SANGO*		*LANGUE PREMIERE = LANGUE VERNACULAIRE*	
	Nbre	*%*	*Nbre*	*%*
*15-25 ans**	163	**82,32**	30	15,15
26-35 ans	56	**67,46**	27	32,53
36-45 ans	26	37,68	43	**62,31**
46-55 ans	7	8,33	77	**91,66**
+ 55 ans	6	9,09	60	**90,90**

*Cinq personnes de ce groupe ont déclaré avoir appris les deux langues simultanément.

Le pourcentage est calculé en fonction du nombre de personnes dans chaque groupe d'âge.

Si l'on ne tient pas compte des chiffres probablement grossis des deux derniers groupes d'âge, on peut penser que le sango a commencé à être appris comme langue première vers les années 1930 puisqu'un tiers des personnes qui ont entre 36 et 45 ans déclarent être dans ce cas. La progression s'est donc faite très rapidement dans les dernières décennies car le pourcentage atteint maintenant 82,32 % chez les plus jeunes. On doit cependant nuancer ces chiffres en rappelant la remarque faite plus haut : plus de 30 % ont appris la langue vernaculaire à l'âge de deux ou trois ans.

L'apprentissage du sango comme langue première est-il un phénomène urbain localisé principalement dans la capitale ou peut-on voir cette conséquence de l'expansion de la langue véhiculaire jusque dans les villages ?

Parmi les 177 personnes nées à Bangui, 167 ont pour langue maternelle le sango soit 94,35 %, alors que 82 parmi celles qui sont nées dans une ville de province sont dans ce cas (32,8 %). Quant aux villageois, chez eux, le pourcentage tombe à 12,32 %. Il nous faut cependant rappeler que ce sont les plus jeunes qui sont nés en ville. C'est pourquoi, il paraît utile de dresser un tableau récapitulatif de ces données, tableau qui fera intervenir à la fois l'âge et le lieu de naissance (Tableau n° 15).

TABLEAU 15 - Langue première
Répartition en fonction de l'âge et du lieu de naissance

GROUPES D'AGE \ NAISSANCE		BANGUI			VILLE DE PROVINCE			VILLAGE		
		Total	LM=S	LM=LV	Total	LM=S	LM=LV	Total	LM=S	LM=LV
15-25 ans	N	135	130	2	53	29	22	10	4	6
	%		**96,29**	1,48		54,71	41,50		40	**60**
26-35 ans	N	27	25	2	43	28	15	13	3	10
	%		**92,59**	7,40		65,11	34,88		23,07	**76,92**
36-45 ans	N	13	11	2	44	14	30	12	1	11
	%		**84,61**	15,38		31,81	**68,18**		8,33	**91,66**
46-55 ans	N	2	1	1	62	6	56	20	0	20
	%		50	50		9,67	**90,32**		-	**100**
+ 55 ans	N	0	-	-	48	5	43	18	1	17
	%					10,41	**89,58**		5,55	**94,44**

Les pourcentages sont calculés en fonction du nombre de personnes de chaque groupe d'âge nées à l'endroit désigné (chiffre qui figure dans la première colonne de chaque catégorie).

L'expansion du sango urbain qui l'a conduit à devenir la langue maternelle de beaucoup de banguissois d'origine semble débuter il y a une quarantaine d'années et s'accentuer au fil des décennies. On pourrait faire un parallèle entre l'accroissement de Bangui et la diffusion du sango urbain. (Il semble que le phénomène ait touché toutes les ethnies comme le montrera le Tableau 63).

Nous reverrons cet aspect du problème dans le chapitre consacré à l'apprentissage des langues et à leur utilisation dans les familles.

Le mouvement semble s'étendre assez rapidement aux villes de province puisque pour les moins de 35 ans les personnes qui disent avoir le sango pour langue première sont majoritaires. Il se peut que cette ville de province ne soit pas celle où l'ethnie est majoritaire (par exemple un Zandé à Bossangoa). Le sango jouerait alors le même rôle qu'à Bangui.

L'expansion atteint-elle les villages comme le laisserait croire les 40 % de moins de 25 ans qui disent avoir la langue véhiculaire pour langue maternelle ? Il est difficile d'en juger car nous n'avons que dix cas de jeunes nés dans un village[10].

Une enquête de Paulette ROULON (1971), effectuée chez les Ngbakas de Bokanga en 1968-69, nous révélait que dans ce village tout le monde avait pour langue première la langue vernaculaire sauf trois frères de 15, 26, 29 ans qui déclaraient avoir le sango pour langue première. P. ROULON commentait ainsi :

> "Nous savons de façon sûre qu'il n'en est rien, leur attitude pourrait s'expliquer par un besoin de se singulariser...".

Nous pensons aussi que les chiffres concernant le sango, langue maternelle sont au-dessus de la réalité. Ceci s'explique, à notre avis, par le prestige que revêt pour le citadin nouvellement promu l'utilisation du sango. Il se pourrait que ce soit de plus en plus le cas en province notamment dans les villes. En ce qui concerne les villages, P. ROULON déclare dans son exposé :

> "Le sango est la langue commerciale parlée au marché, en ville et lorsqu'on s'adresse à des étrangers de passage. C'est une langue strictement utilitaire qui n'est en aucune façon valorisée par ceux qui l'emploient".

Sans connaître aussi profondément qu'elle la vie villageoise, nous pensons que cette affirmation est trop catégorique. A notre avis, même dans les villages et surtout chez les jeunes, le sango est symbole de modernisme et d'"évolution". Sinon comment expliquer que dans son village d'enquête tous les habitants, sauf deux femmes le parlent ? Tout le monde n'a pas au village des relations avec les étrangers et tout le monde n'a pas besoin d'employer cette langue pour se faire comprendre.

A notre avis, c'est le prestige du sango qui explique cette situation, comme il explique que l'on préfère déclarer à l'observateur occidental que le sango est la première langue apprise. L'étude sur l'emploi des différentes langues en contact nous aidera à mieux préciser cette question.

---

[10]La naissance au village a pu être accidentelle (mère retournée accoucher au village) ou bien ils ont pu le quitter fort jeunes. Il est impossible de tirer une conclusion à partir d'un nombre si peu représentatif.

2. LES LANGUES EN CONTACT

Ce chapitre sera consacré à l'étude de l'utilisation des langues dans et hors du milieu familial. A travers cette analyse, nous nous attacherons à dégager les rapports de force entre les trois principaux idiomes concernés à savoir : la langue vernaculaire, le sango et le français.

Afin de parvenir à un certain degré de généralisation, nous emploierons le terme "langue vernaculaire" sans faire de distinction entre les différentes langues citées. La question de savoir si une ethnie est plus ou moins qu'une autre attachée au maintien de son idiome sera examinée ultérieurement (Chapitre 4.1). Dans l'immédiat, nous essaierons de déterminer la position de chaque parler par rapport aux deux autres et de suivre l'évolution.

Pour ce faire, il nous a paru utile de faire figurer au début de ce chapitre une étude sur l'apprentissage des trois idiomes concernés; elle fait suite au paragraphe consacré aux langues premières dont elle constitue le prolongement.

Nous étudierons ensuite l'emploi des langues en famille, en essayant de mettre en évidence l'évolution de la situation linguistique à l'intérieur du groupe familial. Cette étude sera complétée par un examen de l'utilisation des langues dans les rapports extra-familiaux.

Nous pensons que nous pourrons au terme de cette analyse, montrer quel prestige possèdent ces trois parlers aux yeux des habitants du quartier en voyant les opinions qu'ils expriment et les choix qu'ils opèrent parmi les différentes langues.

2.1. APPRENTISSAGE

Apprentissage de la langue vernaculaire

Il faut tout d'abord rappeler que 105 personnes ont déclaré ne pas parler la langue de leur groupe ethnique. Si nous y ajoutons les 237 qui ont dit l'avoir pour langue première, nous devons considérer que la langue vernaculaire a été apprise comme langue seconde par 153 personnes (5 ayant appris simultanément les deux langues). Elles représentent environ le tiers de notre effectif (30,6 %). Ce groupe est en partie constitué par les moins de 25 ans (71). Cependant nous devons apporter quelques restrictions à ces chiffres en nous aidant du tableau n°16 qui rend compte de l'âge d'apprentissage de la langue vernaculaire pour ceux dont elle n'est pas la langue première.

TABLEAU 16 - Age d'apprentissage de la langue vernaculaire, langue seconde

AGE D'APPRENTISSAGE	*Nbre*	%	
2 ans	8	5,22	**78,42**
3 ans	73	47,71	
4 ans	39	25,49	
5 ans	10	6,53	19,59
6 ans	12	7,84	
7 ans	3	1,96	
8 ans	3	1,96	
9 ans	2	1,30	
10 ans	1	0,65	
11 ans	-	-	
12 ans	-	-	
13 ans	1	0,65	
14 ans	1	0,65	

Le pourcentage est calculé en fonction du total des personnes ayant la langue vernaculaire pour langue seconde soit 153.

En effet, nous pouvons constater que plus de la moitié de ces personnes ont appris la langue de leur ethnie à l'âge de deux ou trois ans c'est-à-dire au moment où l'enfant acquiert la maîtrise du langage. Il faut donc admettre qu'il y a plus de cinq personnes qui ont appris les deux langues simultanément. On a toutes les raisons de penser que l'enfant a été bilingue dès le départ mais que le prestige du sango lui fait dire que celui-ci est sa première langue. Il faudrait donc nuancer ce qui a été dit dans le paragraphe précédent consacré aux langues premières et dire que parmi les 258 personnes qui ont déclaré avoir le sango pour langue première, il faut en décompter 81 (soit 31,39 %) qui ont été bilingues depuis qu'elles ont appris à parler. Nous pouvons même atteindre le chiffre de 120 voire 130 si nous considérons que l'apprentissage total d'une langue ne se fait pas avant l'âge de 4 ou 5 ans.

De toute manière, il est aisé de voir que l'apprentissage de la langue vernaculaire se fait dans la petite enfance (84,96 % l'ont apprise avant l'âge de cinq ans). Ceci laisse supposer que le milieu familial utilise les deux langues et que l'apprentissage du langage par l'enfant est caractérisé par un bilinguisme précoce. D'ailleurs, pour ceux qui l'ont acquise à cette époque, la langue vernaculaire a été apprise dans la quasi-totalité des cas en famille (98,5 %).

Quant à ceux qui ont appris la langue de leur ethnie après l'âge de cinq ans, ce sont des citadins qui déclarent l'avoir fait lors d'un séjour au village. Cela veut-il dire qu'ils n'avaient aucune notion du parler de leurs aïeux auparavant ? Il est bien difficile de répondre à cette question, mais on peut être certain qu'ils ont vécu dans un entourage parlant l'idiome de leur ethnie, d'ailleurs tous déclarent comprendre cette langue.

Quoiqu'il en soit, ces chiffres nuancent un peu les résultats énoncés dans le paragraphe consacré aux langues premières. Il ne semble pas, tout au moins pour la période considérée, (avant 1960) que les langues vernaculaires subissent, en ce qui concerne l'apprentissage, le déclin que les chiffres précédents laissaient supposer.

Il faut néanmoins noter, d'une part que la situation a certainement évolué depuis la précédente décennie, d'autre part que 105 personnes déclarent ne pas parler la langue de leur ethnie même si tous disent la comprendre.

Ce chiffre reflète-t-il la réalité ? C'est un des défauts de la méthode du questionnaire que d'obliger l'enquêteur à prendre pour des vérités toutes les réponses de l'interlocuteur. Néanmoins, il faut dire qu'en contrôlant les différentes fiches sur l'emploi des langues, nous n'avons trouvé qu'un seul cas d'individu employant la langue vernaculaire avec sa famille alors qu'il disait par ailleurs ne pas la connaître. Nous devons donc conclure que même si ces personnes sont capables de s'exprimer dans la langue de leur ethnie, elles ne l'emploient pour ainsi dire jamais dans leurs conversations.

Apprentissage du sango

Malgré les restrictions que nous avons apportées dans le chapitre précédent à propos du sango langue première, le chiffre des personnes qui ont d'abord appris ce parler reste élevé. Il faut cependant noter que ce nombre est important surtout parmi les plus jeunes puisque 83,32 % des moins de 25 ans sont dans ce cas.

Parmi ceux qui l'ont appris comme seconde voire comme troisième langue, nous pouvons étudier l'âge auquel s'est déroulé cet apprentissage (Tableau 17).

TABLEAU 17 - Age d'apprentissage du sango langue seconde

AGE D'APPRENTISSAGE	*Nombre*	%
- 5 ans	33	13,92
6-10 ans	99	41,77
11-15 ans	35	14,76
16-20 ans	41	17,29
+ 20 ans	28	11,81
+ 30 ans	1	0,42

Le pourcentage est calculé par rapport au total des "sango langue seconde" soit 237.

Contrairement à ce qui se passe pour la langue vernaculaire, le sango, s'il n'est pas déclaré langue première, est rarement appris dans la petite enfance. Il semble qu'il soit surtout acquis lors de la scolarisation : 43,03 % l'ont appris à l'âge scolaire (6-10 ans). Cependant on constate qu'une partie non négligeable a appris la langue véhiculaire assez tard. On doit tout de même remarquer, si l'on tient compte de ceux qui ont le sango pour langue première, que 471 personnes l'ont appris avant l'âge de vingt ans (94,2 %).

Un tableau de l'âge d'apprentissage en fonction du groupe d'âge auquel appartient l'individu contribuera à éclaircir ce problème (Tableau 18).

TABLEAU 18 - Age d'apprentissage du sango selon les groupes d'âge

GROUPES D'AGE		Langue première	- 5 ans	6-10 ans	11-15 ans	16-20 ans	+ 20 ans
15-25 ans	N	163	12	15	-	3	-
	%	82,32	6,06	7,57	-	1,5	-
26-35 ans	N	56	6	18	-	2	1
	%	67,46	7,32	21,68	-	2,40	1,20
36-45 ans	N	26	5	22	10	3	3
	%	37,68	7,24	31,88	14,49	4,34	4,34
46-55 ans	N	7	8	30	19	13	7
	%	8,33	9,52	35,71	22,61	15,47	8,33
+ 55 ans	N	6	2	14	6	20	13
	%	9,09	3,03	21,21	9,09	30,30	27,27

Les pourcentages sont calculés en fonction du nombre de personnes dans chaque groupe d'âge.

Le sango est appris de plus en plus jeune, ayant tendance à devenir la langue première de la jeune génération. Le pourcentage de ceux qui ont appris le sango après l'âge de dix ans est infime chez les moins de 25 ans alors qu'il atteint 80 % à partir de 45 ans. Entre 15 et 25 ans, 82,32 % ont le sango pour langue première, 6,06 % l'ont appris avant 5 ans mais 7,57 % seulement entre 6 et 10 ans, âge de la scolarisation. Par contre pour ceux qui ont entre 25 et 35 ans le pourcentage de ceux qui ont le sango pour langue première descend à 67,42 %, celui de ceux qui l'ont appris avant 5 ans se maintient aux alentours de 7 % mais 21,68 % l'ont appris pendant la période scolaire. En résumé, nous pouvons dire que si pour ces deux classes d'âge, le pourcentage de ceux qui connaissaient le sango avant l'âge de 10 ans est d'environ 96 %, le pourcentage d'apprentissage familial (langue première et avant 5 ans) s'accroît pour les 15-25 ans.

Cependant, nous ne pouvons pas dire que c'est à Bangui que les vieux ont appris le sango. En effet, dans la classe d'âge 45-55 ans, 55 personnes sont arrivées dans la capitale après l'âge de vingt ans, mais il n'en est que 7 pour avoir appris le sango à cette époque.

Les chiffres sont un peu moins importants pour les plus de 55 ans, néanmoins sur 56 personnes arrivées après l'âge de vingt ans à Bangui, 18 ont appris la langue véhiculaire à ce moment.

D'ailleurs le pourcentage de ceux qui ont appris le sango dans la capitale est assez réduit : 19,06 % pour ceux qui sont nés dans une ville de province et 26,02 % pour ceux qui sont originaires d'un village. Pour ces derniers, 10,95 % ont appris la langue véhiculaire dans une préfecture.

Nous pouvons donc penser que l'expansion de cette langue est importante à l'intérieur du pays. Une étude des conditions d'apprentissage permettra d'en révéler certains aspects.

TABLEAU 19 - Conditions d'apprentissage du sango

LIEU D'APPRENTISSAGE	*AGE D'APPRENTISSAGE*			
	- 5 ans	*6-10 ans*	*11-20 ans*	*+ 20 ans*
Famille	11	2	2	-
Camarades	10	40	28	-
Quartier	9	20	32	17
Mission		10	10	-
Travail		-	4	10
Ecole		27	-	-
Marché				1
Non réponses	3			
TOTAL	33	99	76	29

Nous voyons que les endroits les plus propices à l'apprentissage de la langue véhiculaire sont le quartier et les réunions avec les camarades. L'école joue un rôle non négligeable dans les villages comme le montre P. ROULON dans l'article cité plus haut : le maître peut être d'une ethnie différente de celle des habitants du village (règle imposée par l'administration) et n'avoir que le sango comme moyen de communication avec ses élèves, l'usage du français étant réservé aux heures de classe proprement dites. Nous voyons que la part des familles est réduite (14 cas). Nous pouvons donc penser, qu'à de très rares exceptions près, ceux qui n'ont pas le sango pour langue maternelle sont nés dans des familles qui ne le parlaient pas. Il est donc appris dans le voisinage immédiat.

Pour ceux dont il constitue la langue première, 132 l'ont acquis en famille (51,16 %), 40 au quartier (15,50 %), 83 dans ces deux endroits simultanément (37,17 %).

S'il nous fallait résumer les conclusions que nous pensons tirer de cette étude de l'apprentissage du sango, nous pourrions dire :

- que cet apprentissage se fait de plus en plus souvent dans la cellule familiale;
- que l'aire d'expansion de cette langue ne semble pas limitée à Bangui et ceci depuis une date assez ancienne puisque bon nombre de personnes âgées la connaissaient avant de prendre le chemin de la capitale.

Apprentissage du français

Nous rappelons que 354 personnes nous ont déclaré parler le français, ce que nous avons pu vérifier nous-mêmes puisque dans ce cas les questions étaient posées en français. Bien sûr il n'était pas dans nos intentions de réfléchir sur la variété de langue utilisée; le critère choisi était la compréhension.

La plupart de ceux qui parlent le français l'ont appris à l'école : 231 personnes soit 91,30 % des francophones. Les autres se répartissent ainsi :

Travail	6
Armée	11
Famille	6

L'étude de l'âge d'apprentissage de cette langue donne des résultats significatifs.

TABLEAU 20 - Age d'apprentissage du français

AGE D'APPRENTISSAGE	*Nbre*	%	
4 ans	5	1,96	
5 ans	11	4,33	
6 ans	45	17,71	82,26
7 ans	102	40,15	
8 ans	62	24,40	
9 ans	2	0,78	
10 ans	5	1,96	
12 ans	5	1,96	
15-20 ans	1	0,39	
+ 20 ans	16	6,29	

Le pourcentage est calculé en fonction du nombre total de francophones.

Le français est appris au contact des institutions apportées par la colonisation :

- très jeunes par ceux qui ont fréquenté l'école;
- plus tard par ceux qui ont appartenu à l'armée coloniale.

Le pourcentage d'apprentissage en famille est infime, ce qui a bien sûr son importance en ce qui concerne la scolarisation.

2.2. UTILISATION DES LANGUES EN FAMILLE

Méthodologie

Le questionnaire comprenait deux questions pour chaque membre de la famille.

Quelle(s) langue(s) parlez-vous à X ?

Quelle(s) langue(s) vous parle X ?

Nous avons établi deux séries de fiches de couleurs différentes correspondant aux réponses à chacune de ces questions. Horizontalement étaient notées les langues susceptibles d'être citées, verticalement on trouvait le nom de chaque membre de la famille concerné; un trou était fait à la rencontre de la langue parlée et du nom du parent. Chaque fiche se présentait donc ainsi :

Renseignements codés			*N° de la fiche*	
Nom du parent	Langue vernaculaire	Sango	Français	Autre langue
Père				
Mère				
Grands-parents				
Frère				
Soeur				
Conjoint				
Enfants				

Le haut de la fiche était réservé pour noter des renseignements codés concernant l'âge, le sexe, la profession, l'ethnie etc. Grâce à l'examen de ces fiches, il nous a été facile de connaître non seulement les réponses à chaque question selon un certain nombre de variables, mais aussi d'obtenir un aperçu sur les langues les plus fréquemment employées à l'intérieur des familles et de constater que celles-ci sont rarement unilingues.

Le bilinguisme est de rigueur dans la majorité des familles

Afin d'établir ce fait, nous avons comptabilisé les réponses à toutes les questions "*Quelle langue parlez-vous à... ?*" Il s'est révélé qu'en majorité, les personnes interrogées utilisent plusieurs langues dans leurs relations familiales : soit elles déclarent parler, par exemple, le sango avec tel membre de la famille et la langue vernaculaire avec tel autre, soit elles affirment utiliser deux, voire trois langues, avec l'interlocuteur cité.

Parmi ceux qui disent n'employer qu'une seule langue en famille, il n'en est que 12 pour déclarer n'utiliser que la langue vernaculaire (2,4 %) et 38 pour affirmer qu'ils ne parlent que le sango (7,6 %).

Les autres se déclarent bilingues soit parce qu'ils utilisent le sango et la langue vernaculaire (315 soit 63 %) ou le français et le sango (77 soit 15,4 %); cette dernière catégorie se recrutant le plus souvent parmi les jeunes ayant fréquenté le lycée.

Un nombre assez restreint se déclare trilingue soit en employant le français, le sango et la langue de l'ethnie, soit en utilisant le sango et deux langues vernaculaires; cette dernière catégorie est surtout composée par des gens dont les parents sont de groupes ethniques différents. Ce chiffre est très inférieur au nombre de mariages "mixtes" constatés, ce qui prouve bien que dans ce cas on parle ou le sango ou la langue du père.

Malgré tout, nous constatons que les parents entre eux se parlent le plus souvent la langue vernaculaire principalement les parents de ceux qui sont âgés de plus de 35 ans : 275 personnes affirment que leurs ascendants communiquent uniquement dans cette langue (55 %), les autres disent qu'ils emploient le sango et la langue vernaculaire (190 soit 38 %) ou le sango seul (30 soit 6 %). Ce chiffre est donc faible si l'on tient compte du fait qu'un certain nombre d'époux sont d'origines différentes. Nous pouvons toutefois constater une évolution puisqu'à la question : "*Quelle langue parlez-vous avec notre conjoint ?*", nous avons obtenu 320 réponses qui se répartissent comme suit :

TABLEAU 21 - Langues utilisées en s'adressant au conjoint

GROUPES D'AGE	*L.V.*	*S + LV*	*S*	*S + F*
15-25 ans	-	-	20	11
26-35 ans	3	10	57	10
36-45 ans	20	28	21	-
46-55 ans	69	15	-	-
+ de 55 ans	60	6	-	-

Pour ce tableau et les suivants, nous désignons les langues par leurs initiales : S = sango, L.V. = langue vernaculaire, F = francais.

Il va de soi que ce tableau ne peut nous montrer qu'un aspect de ce changement, tout d'abord parce que le groupe d'âge qui diffère le plus des autres n'a pas pu répondre à la question, ensuite parce que le questionnaire ne demandait pas l'ethnie du conjoint. Néanmoins l'emploi du sango semble se généraliser chez les couples les plus jeunes, ce qui provoquera bien sûr un changement dans l'éducation des enfants.

Mais la précision nous manque pour approfondir ce problème; dans l'immédiat, il est possible de suivre l'évolution chez ceux qui sont nés avant 1960.

Afin de situer le problème chronologiquement, nous étudierons l'attitude des différents groupes en face de personnes appartenant à trois générations :

- les générations précédentes qui regroupent les parents et les grands parents;
- leur génération (frères et soeurs);
- la génération suivante : leurs enfants ou tout au moins ceux qui les entourent.

Les langues parlées avec les membres des générations précédentes

Comme nous l'avons pressenti dès le début de cet exposé, il semble que l'âge de la personne interrogée ait une grande influence sur son comportement linguistique. C'est pourquoi, afin de préciser ce fait, nous avons choisi de présenter les résultats obtenus par les différents groupes d'âge aux questions :

Quelle langue parlez-vous avec tel membre de votre famille ?

Quelle langue vous parle cette personne ?

Nous obtiendrons ainsi deux tableaux dont nous pourrons comparer les résultats.

a) *LES GRANDS-PARENTS*

Nous savons que si les plus âgés de nos interlocuteurs ont souvent vécu quotidiennement avec leurs grands-parents, ce n'est pas le cas de la jeune génération car les leurs sont souvent restés au village. Parmi ces jeunes, quelques-uns déclarent ne pas parler la langue vernaculaire, il est donc intéressant de voir en examinant les deux tableaux suivants, comment la communication s'établit entre eux et ceux qui sont restés en brousse et n'ont pas forcément la même facilité qu'eux à manier la langue du citadin.

TABLEAU 22 - Langues parlées par la personne interrogée en s'adressant à ses grands-parents

GROUPES D'AGE	L.V.		S		S + L.V.	
	Nbre	%	Nbre	%	Nbre	%
15-25 ans	80	40,40	101	51,01	17	8,58
26-35 ans	61	73,49	8	9,63	14	16,86
36-45 ans	60	85,95	6	8,69	3	4,34
46-55 ans	83	98,80	1	1,19	0	-
+ 55 ans	62	93,93	1	1,51	3	4,54
TOTAL	346		117		37	

Dans ce tableau et dans tous ceux de ce chapitre, les pourcentages sont calculés en fonction du nombre de personnes dans chaque groupe d'âge.

TABLEAU 23 - Langues utilisées par les grands-parents en s'adressant à la personne interrogée

GROUPES D'AGE	L.V.		S		S + L.V.	
	Nbre	%	Nbre	%	Nbre	%
15-25 ans	96	49,49	7	3,53	93	46,96
26-35 ans	62	74,69	2	2,40	17	20,48
36-45 ans	61	88,40	1	1,44	7	10,14
46-55 ans	83	98,80	1	1,19	0	-
Plus de 55 ans	62	93,93	3	4,54	0	-
TOTAL	366		14		117	

Alors que nous constatons une grande similitude des réponses pour les autres groupes d'âge, le groupe des plus jeunes se distingue par un usage plus fréquent du sango. En effet, nous voyons que celui-ci est employé seul par plus de 50 % des jeunes en s'adressant à leurs grands-parents alors que 3,53 % des aînés répondent en utilisant cette langue. Ce chiffre correspond aux personnes qui ont déclaré ne pas parler la langue vernaculaire (94 individus ont moins de 25 ans). Le sango est donc rarement employé volontairement, mais plutôt par ignorance de l'autre langue. On peut croire malgré tout que ces personnes sont capables de comprendre le dialecte de leur ethnie puisque les grands-parents utilisent souvent ce parler en concurrence avec la langue véhiculaire. Il faut aussi noter qu'environ la moitié de leurs grands-parents semble en mesure d'utiliser le sango : ceci confirme l'importance de l'expansion de cette langue.

Voyons maintenant quelles sont les langues utilisées dans l'entourage immédiat c'est-à-dire avec le père et avec la mère.

b) *LE PERE*

Les deux langues les plus fréquemment citées sont le sango et la langue de l'ethnie, soit seules, soit en concurrence avec un autre idiome notamment le français. On relève quelques cas d'emplois des trois parlers : 11 cas en ce qui concerne l'enfant s'adressant à son père (2,2 %) et 23 cas pour le père s'adressant à son fils (11,6 %).

TABLEAU 24 - Langues utilisées par la personne interrogée en s'adressant à son père.

GROUPES D'AGE		*L.V.*	*S + LV*	*Total LV et S + LV*	*S*	*S + F*	*Total S et S + F*
15-25 ans	*Nbre*	41	49	90	78	23	101
	%	20,70	24,74	*45,45*	*39,39*	11,60	51
26-35 ans	*Nbre*	23	48	71	8	3	11
	%	27,71	57,83	85,54	9,63	3,60	13,24
36-45 ans	*Nbre*	35	30	65	1		1
	%	50,72	*43,47*	94,20	1,41		1,41
46-55 ans	*Nbre*	69	13	82	2		2
	%	82,14	15,47	97,61	2,38		2,38
+ 55 ans	*Nbre*	55	8	63	3		3
	%	83,33	12,12	95,45	4,54		4,54
TOTAL		223	148	371	92	26	122

Il faut tout de suite noter un grand décalage entre les moins de 25 ans et les autres groupes d'âge en ce qui concerne l'emploi du sango et de la langue vernaculaire. Pour celle-ci, par exemple, entre le groupe 15-25 ans et le suivant (26-35 ans) nous trouvons une différence de 40 % lorsque l'on additionne les emploie de la langue vernaculaire seule et l'utilisation de celle-ci en compagnie du sango : les plus jeunes obtiennent un pourcentage de 45,45 % alors que ceux qui ont entre 26 et 35 ans arrivent à 85,54 % d'utilisation de la langue vernaculaire avec leur père, ce qui est voisin des pourcentages obtenus par tous les plus de 36 ans (plus de 90 %). Pour l'emploi du sango seul. Nous retrouvons ici les 101 personnes qui ne parlent pas la langue vernaculaire ou qui marquent une répugnance à utiliser celle-ci. Elles emploient le sango seul ou le sango plus le français en s'adressant à leur père. Ce décalage apparaît encore plus évident en examinant le Tableau 25 :

TABLEAU 25 - Langues utilisées par le père en s'adressant à la personne interrogée

GROUPES D'AGE	L.V.		S + LV		S		S + F	
	Nbre	%	Nbre	%	Nbre	%	Nbre	%
15-25 ans	36	18,18	123	**62,12**	10	5,05	3	1,51
26-35 ans	24	28,91	46	**55,42**	3	3,61	2	2,40
36-45 ans	35	50,72	31	44,92	2	2,83	0	-
46-55 ans	62	**82,14**	13	15,47	2	2,38	0	-
+ de 55 ans	55	**83,33**	7	10,60	3	4,54	0	-
TOTAL	219		220		20		5	

Ce tableau, comme les suivants, ne tient pas compte des personnes qui ont déclaré parler trois langues. Le total n'atteint donc pas 500. Les pourcentages sont cependant calculés à partir du nombre de personnes appartenant au groupe d'âge. De ce fait découle que l'addition des pourcentages n'est pas toujours égale à 100.

L'étude de ce tableau montre que, du moins dans la nouvelle génération, les pères utilisent beaucoup plus volontiers la langue vernaculaire que leurs enfants, même si ceux-ci déclarent ne pas la parler. En effet, nous voyons que le nombre des pères n'utilisant pas la langue de l'ethnie est de 13 (6,56 %) pour les plus jeunes; la majorité de leurs enfants, par contre, ne l'emploie pas en s'adressant à eux. Il faut donc imaginer que bien souvent le père converse avec son fils en langue vernaculaire et que celui-ci lui répond en sango. Il semble malgré tout que les pères utilisent assez souvent le sango en compagnie de la langue vernaculaire, ceci est le cas de 62,12 % des pères alors que seulement 24,74 % des fils le font.

Les autres groupes d'âge se caractérisent par une similitude des réponses à peu près générale, ce qui témoigne de la singularité des plus jeunes. Il faut néanmoins constater que parmi ceux qui connaissent la langue vernaculaire presque tous ont tendance à l'employer dans leurs conversations avec leur père même si leur préférence va au sango.

b) *LA MERE*

Nous avons vu que l'emploi du français dans les conversations avec les pères était un phénomène assez rare puisqu'une trentaine de personnes déclaraient employer cette langue. Nous pouvons supposer qu'avec les mères moins scolarisées, ce pourcentage sera encore plus faible. Par contre, l'examen des deux tableaux suivants nous permettra de comparer leur attitude et celle de leur mari vis-à-vis du sango et de la langue vernaculaire.

TABLEAU 26 - Langues parlées par la personne interrogée en s'adressant à sa mère.

GROUPES D'AGE		*L.V.*	*S + LV*	*Total LV et S + LV*	*S*	*S + F*	*Total S et S + F*
15-25 ans	*Nbre*	36	50	86	99	10	109
	%	18,18	25,25	43,43	50	5,05	55,05
26-35 ans	*Nbre*	23	50	73	7	3	10
	%	27,71	60,24	87,95	8,45	3,6	12,04
36-45 ans	*Nbre*	35	30	65	2	0	2
	%	50,72	43,47	94,20	2,89		2,89
46-55 ans	*Nbre*	70	13	83	1	0	1
	%	83,83	15,47	98,80	1,19		1,19
+ 55 ans	*Nbre*	55	8	63	3	0	3
	%	83,33	12,12	95,45	4,54		4,54
TOTAL		219	151	370	112	13	125

Il faut noter comme ne figurant pas dans le tableau n° 27, 15 personnes utilisant avec leurs enfants le sango et deux langues vernaculaires; ces mères n'appartiennent pas à la même ethnie que leur mari. 5 enfants leur répondent dans ces trois langues, les autres emploient le sango.

TABLEAU 27 - Langues parlées par la mère en s'adressant à la personne interrogée

GROUPES D'AGE	L.V.		S + L.V.		S		S + F	
	N	%	N	%	N	%	N	%
15-26 ans	34	17,17	140	**70,70**	11	5,55	2	1,01
26-35 ans	24	28,91	53	**63,85**	2	2,40	3	3,61
36-45 ans	35	**50,72**	31	*44,92*	2	2,89	0	-
46-55 ans	70	**83,33**	13	15,47	1	1,19	0	-
+ 55 ans	55	**83,33**	7	10,10	3	4,54	0	-
TOTAL	218		244		19		5	

Il faut noter comme ne figurant pas dans le tableau n° 27, 15 personnes utilisant avec leurs enfants le sango et deux langues vernaculaires; ces mères n'appartiennent pas à la même ethnie que leur mari. 5 enfants leur répondent dans ces trois langues, les autres emploient le sango.

La comparaison entre les Tableaux 24 et 26 nous révèle que les plus jeunes ont tendance à s'adresser plus souvent en sango à leur mère qu'ils ne le font avec le père (50 % contre 39,39 %). Cet écart semble surtout dû à l'ignorance du français par la mère. Pour les autres groupes d'âge, on ne voit pas d'écarts importants.

La comparaison entre le Tableau 25 et le Tableau 27 nous montre que si les enfants de moins de 25 ans ont tendance à utiliser plus la langue véhiculaire avec leur mère qu'avec leur père, la réciproque n'est pas vraie puisque le pourcentage d'utilisation est voisin chez les deux parents (aux alentours de 5 %). Les mères emploient un peu plus que les pères le sango en concurrence avec la langue vernaculaire sans doute parce que ceux-ci sont plus facilement trilingues (23 cas).

A la lumière de ces chiffres, nous avons pu voir que les personnes nées à partir de 1950 se singularisent des autres en ce sens qu'il n'y a plus coïncidence entre les langues utilisées par les enfants et celles parlées par les parents.

Néanmoins, nous avons pu constater que cette évolution se poursuit depuis une quarantaine d'années puisque le pourcentage des personnes parlant la langue vernaculaire seule avec les parents n'est que de 50 % pour les gens ayant entre 36 et 45 ans et atteint un peu plus du quart pour le groupe d'âge des 26-35 ans.

Il semble qu'en dehors de l'âge, ce soit le degré d'insertion en ville qui soit déterminant dans le choix des langues parlées avec les parents (Tableau 28).

TABLEAU 28 - Langues parlées au père
Répartition selon l'origine

ORIGINE	*L.V.*		*S + LV*		*S*		*S + F*	
	Nbre	*%*	*Nbre*	*%*	*Nbre*	*%*	*Nbre*	*%*
Bangui	24	13,55	47	26,55	78	44,06	23	12,99
Ville de province	145	58	85	34	11	4,4	3	1,2
Village	54	73,97	16	21,91	3	4,10	0	-

Dans ce tableau, les pourcentages ont été calculés en fonction du nombre de personnes nées à l'endroit cité. Comme toutes les réponses ne figurent pas sur ce tableau, nous n'arrivons pas au chiffre total dans chaque catégorie.

Ce tableau appelle bien sûr quelques précisions notamment en le confrontant avec les Tableaux 2 et 4. D'autre part, l'examen de nos fiches nous permet de constater que sur les 78 personnes nées à Bangui qui parlent le sango avec leur père, 70 sont âgées de moins de 25 ans. Parmi les 14 individus originaires de province, 12 sont arrivés dans la capitale avant l'âge de 5 ans.

La sélection est encore plus impitoyable entre les citadins et les ruraux en ce qui concerne l'emploi du français.

En résumé, parmi les 135 personnes de moins de 25 ans nées à Bangui :

- 14 emploient la langue vernaculaire seule avec leur père (10,37 %);
- 20 parlent le sango et la langue de leur ethnie (14,8 %);
- 9 utilisent les trois langues (6,66 %);
- les 92 autres ne parlent jamais la langue vernaculaire et emploient le sango soit seul, soit avec le français (68,14 %).

Même dans son emploi conjugué avec la langue vernaculaire, l'utilisation du sango est conditionnée par le degré d'insertion en ville du locuteur. En effet, parmi les 148 personnes utilisant ces deux langues avec le père :

- 47 sont nées à Bangui;
- 27 y sont arrivées avant l'âge de 5 ans;
- 21 entre 5 et 10 ans.

Nous pouvons expliquer ces chiffres par le fait qu'étant venu jeune dans la capitale, l'enfant y est venu avec sa famille, le père, s'il ne savait déjà le sango, l'a appris en ville. Père et fils ont donc deux langues de communication. Par contre, ceux qui sont venus tard à Bangui y sont arrivés seuls et ont laissé leurs parents au village. S'ils y retournent, il est fort probable qu'ils continueront à s'adresser à leur père dans la langue vernaculaire. Néanmoins, il est étonnant de constater, que parmi les gens de plus de 55 ans, 8 déclarent parler le sango et la langue vernaculaire avec le père. Ces personnes sont nées dans une ville de province et sont venues tard dans la capitale. De même, trois individus de cet âge disent ne parler que le sango alors qu'un seul appartient à cette ethnie. Devons-nous croire que leur mémoire est défaillante ou faut-il penser que la progression de la langue véhiculaire dans les campagnes a été très précoce ?

Afin de conclure cette analyse, il nous paraît possible de mettre en rapport les possibilités linguistiques de l'individu avec l'utilisation effective qu'il fait du sango et de la langue vernaculaire dans ses rapports avec son père.

TABLEAU 29 - Possibilités linguistiques et utilisation des langues avec le père

GROUPES D'AGE	*Nombre de personnes connaissant L.V.*	*N'utilisent pas L.V.*		*Utilisent S + LV*		*Utilisent L.V. seule*	
		Nbre	*%*	*Nbre*	*%*	*Nbre*	*%*
15-25 ans	101	11	10,89	49	*48,51*	41	*40,59*
26-35 ans	72	1	1,38	48	**66,66**	23	31,94
36-45 ans	68	3	4,41	30	*44,11*	35	**51,47**
46-55 ans	83	1	1,20	13	15,66	69	**83,13**
+ de 55 ans	65	2	3,07	8	12,30	55	**84,61**

Pourcentages calculés selon le nombre de personnes connaissant la langue vernaculaire dans chaque groupe d'âge. Nous émettons quelques doutes à propos des réponses données par les deux derniers groupes d'âge.

Ce tableau nous permet de conclure que si la langue vernaculaire n'est pas plus utilisée dans les conversations avec le père, c'est qu'elle n'est pas connue. Par contre, il semble que l'on répugne à l'utiliser seule si l'interlocuteur parle le sango; ce qui n'est sans doute pas le cas pour les parents de ceux qui ont plus de 45 ans.

Avec les mères, les résultats sont à peu près semblables si l'on tient compte du fait que les jeunes utilisent plus la langue véhiculaire avec la mère. Ainsi 15 personnes connaissant la langue de l'ethnie ne l'emploient pas avec la mère (11 avec le père).

Avec les grands-parents, la nécessité de se comprendre oblige la quasi-totalité des personnes connaissant la langue vernaculaire à utiliser ce parler.

Nous pouvons donc conclure que l'utilisation des langues avec les générations précédentes est subordonnée à la nécessité de se comprendre, même si l'on doit admettre que le sango fait une percée importante dans les conversations familiales. Nous allons continuer d'étudier ce phénomène en analysant l'utilisation des langues avec les parents de la même génération.

Langues utilisées avec les parents de la même génération

Bien que le questionnaire ait groupé en une même question les interrogations portant sur les langues parlées dans les conversations avec les parents de la même génération, nous avons préféré distinguer les réponses concernant celles du frère de celles de la soeur. Nous avions l'impression que le sango était plutôt une langue utilisée par les femmes et nous voulions vérifier cette hypothèse.

Nous nous sommes aussi rendu compte qu'il aurait été préférable de distinguer entre frères aînés et frères cadets car cette notion garde encore tout son sens en Afrique même dans un cadre de vie citadin. Il y a bien sûr une différence d'âge (le frère aîné étant parfois plus proche de la génération précédente) mais aussi un certain respect qui fait que l'on aura vis-à-vis du grand frère un comportement linguistique différent de celui que l'on a avec le cadet.

Quoiqu'il en soit, les résultats obtenus montrent la différence de comportement selon que l'on s'adresse aux personnes de la même génération ou à celles de la génération précédente.

a) *LE FRERE*

Dans le Tableau 30, l'examen de la première colonne nous révèle que la langue vernaculaire est rarement utilisée seule par des personnes d'un âge avancé. Bien sûr, elle reste présente mais elle doit subir la concurrence du sango chez les plus de 45 ans. Les cas d'abandon pur et simple sont rares, 20 % pour ceux qui ont entre 46 et 55 ans et 6,06 % pour les plus de 55 ans.

TABLEAU 30 - Langues parlées par la personne interrogée en s'adressant au frère.

GROUPES D'AGE	L.V.		S + L.V.		S		S + F	
	N	%	N	%	N	%	N	%
15-25 ans	13	6,52	12	6,06	73	36,86	88	44,44
26-35 ans	9	10,84	24	28,91	37	44,57	7	8,43
36-45 ans	7	10,14	32	46,37	20	28,98	3	4,54
46-55 ans	18	21,42	45	53,57	17	20,23	0	-
+ de 55 ans	10	15,15	49	74,24	4	6,06	0	-
TOTAL	57		162		151		98	

Les deux groupes d'âge intermédiaires se caractérisent par l'importance que prend le sango : il est employé en compagnie de la langue vernaculaire par 46,37 % de ceux qui ont entre 36 et 45 ans. Dans le groupe de ceux qui ont entre 26 et 35 ans, la proportion s'inverse et le sango est employé seul par 44,57 %.

Les plus jeunes se distinguent des autres par l'introduction du français dans les conversations avec les frères. Il est bien sûr employé en compagnie du sango (44,44 % des cas). La langue de l'ethnie n'est plus très utilisée même avec le sango (6 % environ).

TABLEAU 31 - Langues parlées par le frère en s'adressant à la personne interrogée.

GROUPES D'AGE	L.V.		S + L.V.		S		S + F	
	N	%	N	%	N	%	N	%
15-25 ans	12	6,06	19	9,59	76	38,38	79	39,89
26-35 ans	8	9,63	24	28,91	36	43,37	7	8,43
36-45 ans	9	13,04	32	46,37	18	26,08	3	4,34
46-55 ans	15	17,85	46	54,76	19	22,61	0	-
+ de 55 ans	13	19,69	50	75,75	3	4,54	0	-
TOTAL	57		171		152		89	

La comparaison entre les Tableaux 30 et 31 montre l'absence de décalage entre les langues choisies par les interlocuteurs. Ceux-ci semblent donc avoir des pratiques linguistiques semblables; sans doute à l'intérieur d'une famille, l'éducation est-elle à peu près la même pour les garçons d'âge voisin. En est-il de même en ce qui concerne les filles ?

b) *LA SOEUR*

TABLEAU 32 - Langues parlées par la personne interrogée en s'adressant à sa soeur

GROUPES D'AGE	L.V.		S + L.V.		S		S + F	
	N	%	N	%	N	%	N	%
15-25 ans	5	2,52	20	10,10	111	56,06	55	27,77
26-35 ans	4	4,81	25	30,12	44	53,01	6	7,22
36-45 ans	4	5,79	35	50,72	23	33,33	3	4,22
46-55 ans	8	9,52	50	59,72	26	30,95	0	-
+ de 55 ans	10	15,15	52	78,78	4	6,06	0	-
TOTAL	31		182		208		64	

La comparaison avec le Tableau 30 nous montre que la langue véhiculaire est plus souvent employée seule, ceci semble dû à la méconnaissance du français par les femmes car en additionnant le nombre de personnes parlant le sango seul avec celui de celles qui parlent le français plus la langue véhiculaire, on obtient à peu près les mêmes résultats qu'il s'agisse du frère ou de la soeur, du moins parmi les groupes d'âge les plus jeunes.

Parallèlement, la langue vernaculaire est aussi de moins en moins utilisée seule et son emploi en compagnie du sango est plus important en s'adressant à la soeur et ceci quelle que soit la génération.

La comparaison entre les Tableaux 32 et 33 ne montre pas non plus de décalage important entre les langues employées par les deux interlocuteurs.

TABLEAU 33 - Langues parlées par la soeur en s'adressant à la personne interrogée

GROUPES D'AGE	L.V.		S + L.V.		S		S + F	
	N	%	N	%	N	%	N	%
15-25 ans	7	3,53	26	13,13	117	59,09	42	21,21
26-35 ans	3	3,61	26	31,32	43	51,80	5	6,02
36-45 ans	4	4,81	34	49,27	26	37,68	2	2,40
46-55 ans	7	8,33	48	57,14	27	32,14	0	-
+ de 55 ans	14	21,21	50	75,75	1	1,51	0	-
TOTAL	35		184		214		49	

Nous voyons que dans l'ensemble frère et soeur choisissent les mêmes langues, sans doute parce qu'à l'exception du français, les membres d'une même génération ont les mêmes connaissances linguistiques. Bien entendu, nous ne connaissons pas l'âge du deuxième interlocuteur et c'est peut-être ce qui explique les légers décalages qui peuvent exister entre les deux tableaux.

A la différence de ce qui se passe dans les rapports linguistiques avec les parents, le degré d'insertion en ville ne semble pas déterminant pour expliquer les chiffres des tableaux précédents. Par contre, nous avons constaté que ces résultats globaux, masquaient une différence importante : l'utilisation des langues varie selon que les interlocuteurs sont de même sexe ou de sexes différents (Tableau 34).

L'examen de ce tableau nous permet de mettre en évidence les faits suivants :

- En s'adressant à leur frère les jeunes femmes (celles qui ont moins de 35 ans) ont davantage tendance à employer le sango seul. Nous pouvons attribuer ceci au fait que bon nombre de femmes ne connaissent pas le français. En effet, une majorité d'hommes de 15 à 25 ans emploient le sango et le français dans les conversations avec leurs frères (75 c'est-à-dire 51,36 % des hommes de cet âge) alors que les filles ne sont que 13 soit 25 % des femmes de moins de 25 ans.

- En ce qui concerne la langue vernaculaire, que ce soit seule ou en compagnie du sango, les pourcentages sont sensiblement les mêmes, ce qui montre que la différence se fait pour cette classe d'âge à cause du français.

- Dans les autres groupes, dans les rapports avec le frère, nous constatons un emploi du sango seul à peu près semblable chez les hommes et chez les femmes.

- Par contre, l'emploi conjugué de la langue véhiculaire avec la langue de l'ethnie est plus fréquent chez les femmes que chez les hommes de plus de 35 ans. Dans leurs rapports avec leurs frères, les femmes semblent donc moins fidèles à la langue vernaculaire que les hommes.

- Les hommes doivent le ressentir puisqu'ils sont plus nombreux à s'adresser en sango à leurs soeurs : les jeunes utilisent plus volontiers la langue véhiculaire seule tandis que les plus âgés emploient les deux langues, alors qu'avec le frère ils ont tendance à conserver le parler de leur ethnie.

- Les femmes entre elles conversent plus volontiers en sango. A cela, nous pouvons trouver deux raisons :
- une scolarisation moins importante que celle des hommes qui les empêche d'accéder au français;
- une volonté de paraître moderne qui les fait adopter le sango, langue du citadin. Ceci risque d'avoir une importance considérable dans l'éducation des enfants.

Nous avons vu plus haut que la jeune génération avait tendance à introduire le français dans les conversations familiales. Or cette langue n'est pas apprise au foyer mais à l'école. Aussi nous paraît-il intéressant de mettre en rapport le niveau scolaire avec les langues utilisées dans la conversation avec le frère (Tableau 35).

TABLEAU 34 : Répartition par âge et par sexe des personnes parlant le sango et la langue vernaculaire avec leurs frères et soeurs

GROUPES D'AGE		SANGO		S + L.V.		L.V.			
		→ frère	→ soeur	→ frère	→ soeur	→ frère	→ soeur	→ F	→ S
15-25 ans	H	(45) 72,6	(75) 77,3	(9) 14,5	(18) 18,6	(8) 12,9	(4) 4,1	62	97
	F	(28) 77,8	(36) 92,3	(3) 8,3	(2) 5,1	(5) 13,9	(1) 2,6	36	39
26-35 ans	H	(13) 43,3	(19) 55,9	(10) 33,8	(12) 35,3	(7) 23,3	(3) 8,8	30	34
	F	(24) 60	(25) 64,1	(14) 35	(13) 33,3	(2) 5	(1) 2,6	40	39
36-45 ans	H	(11) 40,7	(12) 40	(12) 44,4	(15) 50	(4) 14,8	(3) 10	27	30
	F	(9) 28,1	(11) 34,4	(20) 62,5	(20) 62,5	(3) 9,1	(1) 3,1	32	32
46-55 ans	H	(12) 21,4	(20) 33,9	(30) 53,6	(34) 57,6	(14) 25	(5) 8,5	56	59
	F	(5) 20,8	(6) 24	(15) 62,5	(16) 64	(4) 16,7	(3) 12	24	25
+ 55 ans	H	(3) 6,2	(3) 5,9	(35) 72,9	(38) 74,5	(10) 20,8	(10) 19,6	48	51
	F	(1) 6,7	(1) 6,7	(14) 93,3	(14) 93,3	(0) 0	(0) 0	15	15

Ce tableau ne prend pas en considération ceux qui parlent le français. Le nombre de personnes utilisant le sango et la langue de l'ethnie en s'adressant au frère (chiffre du haut) ou à la soeur (chiffre du bas) se trouve dans la dernière colonne; c'est à partir de ce nombre qu'ont été calculés les pourcentages.

TABLEAU 35 - Langues parlées avec le frère
Répartition suivant le niveau scolaire

NIVEAU SCOLAIRE	*L.V.*		*S + L.V.*		*S*		*S + F*	
	N	*%*	*N*	*%*	*N*	*%*	*N*	*%*
Analphabètes	36	14,5	128	**51,61**	71	28,62	0	-
Inférieur au CEPE	7	24,13	10	**34,48**	12	**41,37**	0	-
CEPE ou plus	10	6,94	17	11,80	48	**33,33**	58	**40,27**
BEPC ou plus	4	5,06	7	8,86	20	25,31	40	**50,63**
TOTAL	57		162		151		98	

Nous devons ajouter 19 trilingues français / sango / langue vernaculaire parmi lesquels 11 possèdent le CEPE et 8 le BEPC ainsi que 13 personnes utilisant le sango plus deux langues vernaculaires, toutes analphabètes. Les pourcentages ont été calculés en fonction du nombre de personnes possédant le diplôme indiqué.

A une exception près (celle des personnes peu scolarisées) ce tableau montre que plus la scolarisation est poussée, plus la tendance à abandonner la langue vernaculaire est forte. Nous devons toutefois nuancer ce résultat en tenant compte du fait que les plus âgés sont les moins instruits.

Nous voyons que le choix des langues utilisées dans la conversation avec les parents de la même génération dépend de plusieurs facteurs :

- l'âge
- le sexe des deux interlocuteurs
- le niveau scolaire

Cependant, il semble que les possibilités linguistiques de chacun ne soient pas complètement utilisées. Les deux tableaux suivants nous montrent une réticence, plus grande qu'avec la génération précédente, à employer la langue vernaculaire.

TABLEAU 36 - Possibilités linguistiques et utilisation effective des langues avec le frère

GROUPES D'AGE	CONNAISSANT L.V.	N'UTILISANT PAS L.V.		UTILISANT S + LV ou AUTRE LANGUE		UTILISANT LV SEULE	
	N	N	%	N	%	N	%
15-25 ans	101	66	65,34	22	21,78	13	12,87
26-35 ans	72	33	45,83	30	41,66	9	12,5
36-45 ans	68	22	32,35	39	57,35	7	10,29
46-55 ans	83	16	19,27	49	59,03	18	21,68
+ de 55 ans	65	3	4,61	52	80	10	15,38
TOTAL	389	140		192		57	

TABLEAU 37 - Possibilités linguistiques et utilisation effective des langues avec la soeur

GROUPES D'AGE	CONNAISSANT L.V.	N'UTILISANT PAS L.V.		UTILISANT S + LV ou AUTRE LANGUE		UTILISANT LV SEULE	
	N	N	%	N	%	N	%
15-25 ans	101	69	68,31	27	26,73	5	4,95
26-35 ans	72	39	54,16	29	40,27	4	5,55
36-45 ans	68	25	36,76	39	57,35	4	5,88
46-55 ans	83	25	30,12	50	60,24	8	9,63
+ de 55 ans	65	3	4,61	52	80	10	15,38
TOTAL	389	161		197		31	

Les pourcentages sont calculés en fonction du nombre de personnes connaissant la langue vernaculaire dans chaque groupe d'âge.

Contrairement à ce qui se passe avec le père (Tableau 29), le choix des langues n'apparaît plus subordonné à la connaissance de celles-ci. En effet, un fort pourcentage néglige la langue vernaculaire tout en sachant la parler. Ce pourcentage est encore plus fort lorsqu'on s'adresse à la soeur.

On mesure donc le déclin que subissent les langues vernaculaires, déclin qui s'accroît et s'approfondit si l'on examine les résultats obtenus en considérant les langues parlées avec la génération suivante.

Langues parlées avec la génération suivante

Les Tableaux 38 et 39 nous montrent que la progression du sango est très importante et qu'elle se double d'une régression impressionnante de la langue de l'ethnie.

TABLEAU 38 - Langues parlées par la personne interrogée aux enfants

GROUPES D'AGE	L.V.		S + L.V.		S		S + F	
	N	%	N	%	N	%	N	%
15-25 ans	5	2,52	3	1,51	178	89,89	8	4,04
26-35 ans	2	2,40	4	4,81	74	89,15	3	3,6
36-45 ans	2	2,89	9	13,04	57	82,60	1	1,44
46-55 ans	2	2,38	15	17,85	67	79,79	0	-
+ de 55 ans	2	3,03	27	40,90	37	56,06	0	-
TOTAL	13		58		413		12	

Les lecteurs seront peut-être surpris par le nombre de réponses données par les moins de 25 ans. Le terme "enfants" a été compris comme désignant les enfants d'une manière générale et non leurs propres enfants.

Il n'est guère que les personnes âgées de plus de 55 ans pour parler la langue vernaculaire aux enfants en nombre appréciable et presque toujours en compagnie du sango. Est-ce à dire qu'un certain nombre d'enfants sont capables de la parler mais ne le font qu'en s'adressant aux parents âgés ? Rien n'est moins sûr car elle n'est utilisée seule que dans des cas rares. Ceci laisse supposer que l'enfant use des deux parlers parce qu'il n'est pas capable de soutenir une conversation en langue vernaculaire.

TABLEAU 39 - Langues parlées par les enfants en s'adressant à la personne interrogée

GROUPES D'AGE	L.V.		S + L.V.		S		S + F	
	N	%	N	%	N	%	N	%
15-25 ans	4	2,02	1	0,50	186	93,93	7	3,53
26-35 ans	1	1,20	2	2,40	77	92,77	2	2,40
36-45 ans	1	1,44	14	20,28	55	79,71	1	1,44
46-55 ans	1	1,10	18	21,42	65	77,38	0	-
+ de 55 ans	0	-	28	42,42	38	57,57	0	-
TOTAL	7		63		421		10	

Nous remarquons que presque toutes les classes d'âge s'adressent aux enfants en sango seul et que ceux-ci répondent dans cette langue sans que l'on constate un décalage important entre les deux interlocuteurs. La période d'adaptation et d'ajustement semble terminée et nous pouvons donc affirmer que *le sango est devenu la langue première de la plupart des enfants de ce quartier de Bangui.*

En effet, le français qui subissait une progression importante dans les conversations avec les frères chez les moins de 25 ans, est très peu employé avec les enfants. Nous avons donc toutes les raisons de penser que l'apprentissage du français continue à se faire à l'école dans la plupart cas. On ne s'adresse en français à une personne que lorsqu'elle est apte à le comprendre c'est-à-dire lorsqu'elle est passée par l'épreuve de l'école, mais il est assez rare que les membres de la famille lui parlent cette langue.

Le français, malgré son emploi assez fréquent par les jeunes, ne s'intègre pas dans les familles. On ne le parle que par complicité avec des personnes de même niveau scolaire ou social. Chez les habitants de ce quartier cette langue ne s'apprend pas encore dans le milieu familial. Pour avoir une idée plus précise de ce problème, il faudrait pouvoir comparer avec les enfants dont les parents pratiquent couramment le français pour voir si l'on constate une évolution à cet égard (par exemple les quartiers Sicas où logent une grande partie des fonctionnaires centrafricains).

Nous voyons qu'une telle situation a de grandes répercussions sur la scolarisation. Pourquoi scolariser en français des enfants dont la langue maternelle est le sango ? On peut trouver dans certains pays d'Afrique l'excuse de la multiplicité des parlers. Ce n'est pas le cas de Bangui où une uniformisation linguistique est en train de se faire. Le gouvernement centrafricain semble l'avoir compris puisqu'il a créé en 1976 des classes pilotes où l'apprentissage de la lecture et de l'écriture se fait en sango (communication orale de Luc BOUQUIAUX, voir aussi notre bibliographie concernant les documents de l'IPN).

Différentes étapes de l'introduction du sango dans les familles

Nous avons pu constater, principalement en étudiant le comportement linguistique des enfants vis-à-vis de leurs parents, qu'il existe parfois un décalage très important dans l'utilisation des langues par l'un ou l'autre des interlocuteurs, décalage qui toutefois disparaît avec la génération suivante. Néanmoins en comparant les deux séries de fiches que nous avons présentées dans la méthodologie, nous avons remarqué que 335 fiches coïncidaient totalement (67 %), ce qui veut dire que la personne interrogée estime parler les mêmes langues que chacun des membres de sa famille. La principale différence constatée porte sur l'abandon de la langue vernaculaire avec une personne de la génération précédente alors que celle-ci continue à utiliser ce parler (106 cas).

Il nous a cependant paru intéressant de voir comment le sango s'introduit dans les conversations familiales en étudiant les idiomes utilisés par la personne interrogée avec les divers membres de sa famille. Nous avons distingué trois possibilités :

- le sango est introduit dans les conversations avec les grands-parents;
- cette langue est introduite dans les rapports avec les parents;
- ce ne sont que les frères et soeurs qui utilisent ce parler.

Cas 1 : *Introduction du sango dans les conversations avec les grands-parents* (142 fiches)

Il existe deux possibilités :

1. La langue vernaculaire est maintenue et le sango est ajouté. Dans ce cas elle est aussi maintenue dans les rapports avec les parents.

Nous avons rencontré 30 cas de ce type. Parmi eux, 16 parlent encore la langue de l'ethnie avec les frères et soeurs tandis que 14 ne parlent plus que le sango. Ce sont des personnes jeunes (17 ont moins de 25 ans, les autres ont moins de 35 ans); 29 sur 30 disent avoir le sango pour langue première, mais tous ont appris la langue vernaculaire avant l'âge de trois ans. Ce sont des familles à qui l'urbanisation n'a pas fait perdre la pratique de leur langue bien qu'elles soient presque toutes installées à Bangui de longue date (26 personnes y sont nées).

2. Le sango est employé seul avec les grands-parents. Trois cas sont possibles dans ces familles où la personne interrogée ne parle pas la langue vernaculaire.

a) le sango est parlé seul avec tous les membres de la famille (38 personnes). Parmi elles 32 ont moins de 25 ans. 30 sont nés à Bangui et tous ont le sango pour langue première.

b) le français est parlé avec la langue véhiculaire dans la conversation avec les parents. Bien entendu frères et soeurs parlent aussi ces deux langues. Cette catégorie regroupe 26 personnes dont 23 ont moins de 25 ans et sont nées à Bangui. Leur niveau scolaire est assez élevé (16 possèdent le CEPE et 10 ont le

BEPC) et tous sont encore lycéens. Il s'agit du groupe le plus occidentalisé dont les parents (l'usage du français en témoigne) avaient la chance de fréquenter l'école. Ce groupe a rompu les attaches avec la culture traditionnelle et peut se classer dans la catégorie des "Mbunzu Vuko" (mot sango qui signifie littéralement "blanc noir" et qui désigne les évolués avec une légère nuance péjorative suivant le contexte).

c) un autre groupe tend à rejoindre celui-ci, ceux qui ne parlent que le sango avec l'ensemble de la famille et ajoutent le français avec leurs frères et soeurs (48 individus). Ce sont eux aussi des jeunes (45 ont moins de 25 ans et sont originaires de Bangui). Ils sont presque tous lycéens (22 ont le BEPC, 26 le CEPE) mais ne sont pas nés comme les précédents dans des familles déjà occidentalisées. Néanmoins eux aussi dédaignent la langue vernaculaire et aspirent à une autre culture.

Nous voyons que ces quatre catégories regroupent dans leur grande majorité des citadins complets qui n'ont jamais connu la vie en brousse. Mis à part le premier groupe qui, tout en étant urbanisé, maintient à travers les générations une certaine fidélité à la langue vernaculaire, les autres ont coupé les ponts avec la culture traditionnelle ou tout au moins s'efforcent de paraître tels.

Cas 2 : *Le sango est introduit dans les conversations avec les parents* (118 fiches)

Nous n'avons pas trouvé de cas où la langue vernaculaire était parlée seule avec les grands-parents et le sango seul avec les parents. Si le sango est introduit dans les familles avec les parents pour la première fois c'est toujours en compagnie de la langue vernaculaire.

Le personne interrogée parlant donc la langue vernaculaire seule avec les grands-parents, le sango plus la langue de l'ethnie avec les parents, plusieurs cas sont possibles avec les frères et soeurs.

a) la langue vernaculaire (plus évidemment le sango) est conservée avec ceux de la même génération. La langue véhiculaire seule n'est parlée qu'aux enfants (47 personnes). La majorité (40) ont entre 26 et 55 ans. Leur niveau scolaire est faible (33 analphabètes). D'origine provinciale (35 sont nés dans une préfecture, 8 dans un village), ils ont la langue de l'ethnie pour langue première. Ces gens ont gardé fidélité à la langue du groupe tout en introduisant parfois le sango dans leurs conversations.

b) un degré supplémentaire est franchi par ceux qui tout en parlant le sango et la langue de l'ethnie avec les parents abandonnent celle-ci avec les frères et soeurs et n'utilisent plus que le sango seul (47 cas).
La plupart sont jeunes, 40 ont moins de 35 ans et 42 disent avoir pour langue première le sango. 25 sont originaires de Bangui mais 18 sont nés dans une ville de province et 8 dans un village. Le niveau scolaire est faible (25 analphabètes, 4 ont un niveau inférieur au CEPE, le reste possède au moins ce diplôme. Nés dans des familles rurales ou assez conservatrices du point de vue linguistique, ils cherchent à montrer qu'ils sont citadins en employant la langue de la ville avec ceux de leur âge.

c) les plus instruits introduisent, en plus du sango, le français avec leurs frères (24 cas). Certains gardent aussi la langue vernaculaire et sont ainsi trilingues (11 cas sur 24, les autres l'abandonnent). Ce sont, ou des personnes jeunes (15 ont moins de 25 ans), ou plus âgées (6 ont entre 36 et 45 ans) mais qui ont bénéficié d'une instruction assez importante (15 ont au moins le CEPE et 8 le BEPC) mais elles sont le plus souvent originaires d'une ville de province (15). Ceci explique sans doute leur attachement à la langue vernaculaire. Cependant, presque toutes disent avoir pour langue première le sango tout en reconnaissant avoir appris le dialecte de l'ethnie avant l'âge de trois ans.

Les 118 personnes que nous avons regroupées dans ces trois catégories ne sont pas souvent des citadins, mais leurs parents avaient déjà migré dans une ville de province puisque 16 seulement sont nées dans un village. Ceci explique qu'elles emploient le sango avec leurs parents mais que la plupart d'entre elles soient réticentes à abandonner la langue vernaculaire (sauf le deuxième groupe qui comporte une majorité de personnes nées à Bangui). Il semble que l'origine ait une part très importante dans ce comportement linguistique. L'étude de la catégorie suivante va confirmer ce point de vue.

Cas 3 : *Introduction du sango avec les frères et soeurs* (148 fiches)

La langue vernaculaire est parlée seule avec les parents et les grands-parents; le sango est introduit dans les conversations avec les frères et soeurs soit seul, soit en compagnie de la langue de l'ethnie.

a) sango plus langue vernaculaire.
Cette catégorie regroupe 101 fiches. Ces personnes sont âgées : 7 seulement ont moins de 35 ans, 14 ont entre 36 et 45 ans, 36 de 46 à 55 ans et 44 ont plus de 55 ans. Elles ont toutes, sauf une, la langue vernaculaire pour langue première. Une seule est née à Bangui, 76 sont originaires d'une ville de province et 24 d'un village. Nous constatons que malgré leur âge avancé ces personnes résident souvent depuis peu de temps à Bangui : parmi les plus de 45 ans, 23 sont depuis moins de dix ans dans la capitale et 16 depuis une période comprise entre dix et vingt ans. Ces personnes ont donc migré tard et se sont adaptées plus difficilement aux habitudes linguistiques de la cité.

b) l'autre groupe a introduit le sango seul avec les frères et soeurs, directement, sans passer par la transition de l'emploi conjugué avec la langue vernaculaire. C'est le seul cas de passage direct que nous avons trouvé.
Ces gens parlent donc la langue vernaculaire seule avec les grands-parents et les parents et emploient uniquement le sango avec ceux de la même génération (47 cas). Nous pensons pouvoir distinguer deux types de personnalités entrant dans ce groupe :

- des jeunes (27 ont moins de 35 ans) de niveau scolaire assez élevé (20 ont au moins le CEPE) mais dont la famille est conservatrice sur le plan linguistique (ils ont la langue de l'ethnie pour langue première).
- des personnes d'âge moyen, analphabètes, (20 ont entre 35 et 55 ans), résidant depuis longtemps à Bangui et qui ont pris les habitudes linguistiques de la ville.

Si l'on doit conclure l'étude sur l'emploi des langues en famille, il semble que l'âge soit déterminant, mais on doit nuancer ce jugement en faisant intervenir principalement dans les rapports avec la génération précédente, l'origine et le degré d'insertion en ville de la personne considérée.

Le niveau scolaire joue un rôle dans l'utilisation du français mais il est difficile de savoir si ce critère a de l'importance pour l'utilisation du sango et de la langue vernaculaire étant donné qu'il est en rapport étroit avec l'âge et l'origine. Nous reverrons ce problème dans le chapitre consacré à la scolarisation.

Remarque - Nous n'avons classé que 408 fiches examinant ainsi trois possibilités d'introduction du sango dans les familles. Nous avons rencontré un certain nombre de cas marginaux difficilement classables (exemples : utilisation d'une langue avec un membre de la génération étudiée mais pas avec l'autre, emploi de plus de quatre langues, utilisation du sango avec les enfants seulement, etc.).

2.3. EMPLOI DES LANGUES DANS LES CONTACTS AVEC L'EXTÉRIEUR

Il n'est pas besoin d'être linguiste ni même sociologue pour se rendre compte qu'il est assez difficile de vivre à Bangui et d'y avoir des contacts avec les Centrafricains, en dehors de l'élite lettrée, si l'on ne parle pas le sango. Nous avons vu que dans le quartier toutes les personnes interrogées parlaient cette langue.

Nous examinerons tout d'abord dans un premier paragraphe, le sango dans sa fonction de langue véhiculaire.

Cependant il faut savoir que si l'état centrafricain reconnaît le sango comme langue nationale, il a pour langue officielle le français. Il existe donc dans certains cas une norme à respecter : l'usage du français. Nous verrons donc dans une seconde partie ce qui se passe dans ce cas compte tenu du fait que 50 % de notre effectif ne parle pas cette langue.

Enfin, nous avons déjà constaté en examinant les langues parlées en famille que le sango était parfois utilisé alors que des interlocuteurs avaient en commun une ou plusieurs langues. Nous essaierons de voir si ce parler garde ce rôle de langue de prestige dans les rapports avec le monde extérieur.

Le sango a une fonction de langue véhiculaire

Le lieu où le sango semble le plus assumer cette fonction est le marché puisque 100 % des personnes interrogées déclarent y parler cette langue. La plupart des commerçants et des vendeurs s'adressent en sango à leurs clients. Sur 177 réponses obtenues à cette question, 155 soit

87,57 % désignent cette langue tandis que le reste (22 soit 12,42 %) l'emploie en compagnie du français. Le pourcentage d'utilisation du sango seul atteint 95,89 % chez les femmes (ce sont elles qui sont le plus souvent commerçantes au marché) et 81,73 % chez les hommes, ceux-ci étant parfois vendeurs dans des magasins où se présente plus souvent une clientèle qui n'est pas composée uniquement de Centrafricains.

Avec les employés, parmi les 166 personnes ayant répondu à la question, 141 déclarent user du sango soit 84,93 % alors que 8 (4,81 %) parlent le français et 17 le sango plus le français (10,24 %). La proportion est de 100 % chez les analphabètes et diminue jusqu'à 55 % chez les lettrés.

Avec les camarades de travail, sur les 283 réponses obtenues, 139 citent le sango soit 49,11 % tandis que 93 déclarent employer le sango et le français (32,86 %); 42 utilisent la langue vernaculaire (14,84 %). Nous pouvons supposer que sur les lieux de travail le brassage ethnique est suffisamment important pour que l'individu ne soit pas toujours entouré par les membres de son groupe. D'ailleurs, l'utilisation des langues varie selon le niveau scolaire : sur les 130 réponses obtenues chez les analphabètes, 29 disent employer la langue vernaculaire et 96 le sango tandis que chez les 79 titulaires du CEPE, 47 parlent le sango et le français. Parmi les détenteurs du BEPC (52), 37 emploient ces deux langues (71,15 %), 10 le sango et 3 la langue vernaculaire.

Ces résultats, sur lesquels nous n'insistons pas, suffisent à montrer la fonction véhiculaire du sango. Ces situations linguistiques exigent seulement la compréhension entre les individus.

Le sango employé là où le français est normalement exigé

Il est des situations où existe une norme qui le plus souvent exige l'emploi du français. Par exemple, dans les bureaux, l'usage veut que l'on emploie la langue officielle. Or les 321 réponses obtenues se répartissent ainsi : 213 personnes disent parler français (66,35 %), 64 emploient le sango (19,93 %) et 44 s'expriment dans les deux langues (13,70 %). Nous voyons que dans ce cas le sango supplée le français lorsque la personne ne sait pas le parler. Malgré tout, le pourcentage de personnes employant, ou essayant d'employer le français, montre que le contexte exige que l'on s'exprime dans cette langue et que l'on fasse un effort pour s'adapter à l'usage lorsqu'on pénètre dans un bureau.

Il n'en est pas de même dans les rapports avec les policiers. Sans doute la rencontre avec eux revêt-elle un caractère moins officiel (le cadre est différent) car seulement 22 personnes sur les 403 qui ont répondu à la question ont déclaré user du français avec les policiers (5,45 %). 57,32 % utilisent le sango, 150 soit 37,22 % emploient les deux langues. Il va de soi que ce pourcentage varie suivant le niveau scolaire puisque 98,98 % des analphabètes se servent de la langue véhiculaire alors que ce pourcentage tombe à 5,88 % pour ceux qui sont titulaires du BEPC et à 12,93 % pour ceux qui ont le CEPE.

Dans les magasins, où il n'existe pourtant pas de norme officielle, on constate cependant un emploi du français plus fréquent qu'au marché puisque celui-ci (bien que rarement utilisé seul) est parlé en compagnie du sango par 211 personnes (49,76 %); les personnes utilisant le sango seul sont moins nombreuses qu'au marché, 188 soit 44,83 %. Nous pouvons penser que le cadre du magasin, plus solennel que celui du marché, incite à l'emploi de la langue officielle.

Dans leurs rapports avec leur patron, 123 personnes sur 230 parlent le français (53,43 %), 81 le sango (35,21 %), 9 la langue vernaculaire et 17 le sango et le français. Bien sûr la nationalité du patron n'est pas connue, mais on peut supposer que dans la majorité des cas il s'agit d'un expatrié qui ne comprend pas la langue du pays. Le français est utilisé avec le patron par 81 % de ceux qui ont au moins le CEPE (c'est-à-dire qui n'occupent pas un emploi de domestique); ceci laisse supposer que le français est employé dans les rapports patron/subordonnés par les Centrafricains eux-mêmes.

Valeur de prestige du sango

Il est des cas où il est difficile d'évaluer si le sango sert à la communication ou si son emploi est chargé d'une valeur particulière. Tel est le cas de l'utilisation de cette langue avec les amis du quartier. Les réponses sont difficilement analysables car nous ne connaissons pas l'ethnie de ces amis. Néanmoins, nous pouvons faire une comparaison entre les langues parlées avec les amis et celles utilisées avec les simples connaissances (Tableau 40).

TABLEAU 40 - Langues parlées au quartier

NOM DE LA LANGUE	LANGUES PARLEES AVEC LES AMIS		LANGUES PARLEES AVEC LES AUTRES GENS	
	Nombre	Pourcentage	Nombre	Pourcentage
L.V.	93	18,69	83	16,6
S. + L.V.	232	46,49	11	2,2
S.	59	11,82	248	49,6
S. + F.	100	20,04	145	29
F.	-	-	9	1,8
F./S./L.V.	15	3	-	-

Les pourcentages sont calculés en fonction du nombre de réponses.

En examinant ce tableau, nous pouvons constater que les amis semblent se recruter dans une même ethnie. En effet, alors que près de la moitié emploie le sango seul avec les autres gens du quartier, 232 parlent le sango et la langue vernaculaire avec leurs amis (ce qui laisse supposer que ceux-ci sont capables de comprendre la langue de l'ethnie mais que l'on choisit, néanmoins, parfois, d'utiliser avec eux le sango ou même le français. Ces usages varient selon l'âge (Tableau 41).

Remarque - L'usage du français chez les jeunes semble dans bien des cas jouer le rôle de langue d'initiation de classe d'âge (réservé aux jeunes et souvent aux garçons).

Les plus jeunes emploient plus volontiers la langue véhiculaire mais nous constatons, cependant, que les plus âgés qui ont des amis capables de comprendre la langue de l'ethnie usent quand même du sango avec eux. Dans ce groupe d'âge, il se passe avec les amis ce qui s'est passé avec les frères et soeurs : on peut se comprendre dans la langue vernaculaire mais il est de bon ton de s'exprimer en sango.

TABLEAU 41 - Langues parlées avec les amis du quartier
Répartition par groupes d'âge

GROUPES D'AGE	L.V.		S + L.V.		S		S + F		F/S/LV	
	N	%	N	%	N	%	N	%	N	%
15-25 ans	19	9,59	36	18,18	43	21,71	80	44,94	11	5,55
26-35 ans	18	21,68	54	**65,06**	4	4,81	7	8,43	0	-
36-45 ans	17	24,63	43	**62,31**	3	4,34	4	5,79	2	2,89
46-55 ans	29	34,52	50	**59,52**	4	4,76	0	-	1	1,19
+ de 55 ans	10	15,15	49	**74,24**	5	7,57	0	-	1	1,51
TOTAL	93		232		59		100		15	

Lors du dépouillement de ce questionnaire, un fait nous a particulièrement troublé : une proportion importante de gens disait parler le sango non seulement avec le chef de quartier (qui n'est pas obligatoirement de la même ethnie qu'eux) mais aussi avec le chef du village d'origine. Or nous sommes sûre que le chef du village appartient au même groupe qu'eux. Cependant 218 personnes disent s'adresser à lui en sango et en langue vernaculaire (47,18 %), 173 utilisent la langue véhiculaire seule (37,44 %) et 71 seulement déclarent employer la langue du village (15,36 %). Le sango jouerait-il en brousse le même rôle que le français dans la capitale ? Nous ne voulons pas avancer cette hypothèse qui demande à être vérifié par une observation sur le terrain. Nous n'osons pas accréditer ces déclarations, faute d'avoir pu observer sur place.

Dans l'exemple suivant, la fonction de prestige du sango apparaît clairement. Il s'agit des réponses à la question : "*Quelle langue parlez-vous avec vos amis en brousse ?*" Dans ce cas, nous sommes certaine que les villageois connaissent la langue vernaculaire. Les citadins, eux, ne la parlent pas toujours, mais si cette langue avait un quelconque prestige à leur yeux, ils redoubleraient d'efforts pour la parler. Or les résultats suivants démontre le contraire :

122 utilisent le sango (24,4 %);
95 parlent les deux langues (19 %);
272 emploient la langue vernaculaire; cette catégorie se recrute parmi les plus âgés comme le montre le Tableau 42.

TABLEAU 42 - Langues parlées avec les amis en brousse

GROUPES D'AGE	*L.V.*		*S + LV*		*S*	
	N	*%*	*N*	*%*	*N*	*%*
15-25 ans	54	27,27	36	18,18	100	50,50
25-35 ans	48	57,83	25	*30,12*	9	10,84
36-45 ans	43	62,31	20	*28,98*	6	8,69
46-55 ans	71	84,52	9	10,71	3	3,57
+ de 55 ans	56	84,84	5	7,57	4	6,06

Les pourcentages sont calculés en fonction du nombre de personnes dans chaque groupe d'âge.

Dans un milieu linguistique qui devrait être homogène — la communauté d'origine —, les citadins (les plus jeunes surtout mais pas seulement eux) introduisent la langue de la ville. Certes tous ne connaissent pas la langue vernaculaire mais parmi ceux qui la connaissent, bon nombre y mêlent le sango.

Nous pouvons donc conclure à une réelle valeur de prestige du sango. Le citadin au village est en représentation, le sango fait partie de sa panoplie d'homme moderne au même titre que le pantalon tergal ou les chaussures dernier cri.

2.4. OPINIONS SUR LES LANGUES

Dans ce chapitre, nous avons fait l'analyse des réponses aux questions concernant les langues préférées et celles qui étaient rejetées. Le questionnaire comprend deux séries de trois questions formulées ainsi :

1) *Quelle langue parlez-vous le mieux ?*
2) *Quelle langue préférez-vous parler ? Pourquoi ?*
3) *Quelle langue aimez-vous le mieux ? Pourquoi ?*

La seconde série est composée des mêmes questions, mais celles-ci portent cette fois sur les langues rejetées.

4) *Quelle langue parlez-vous le moins bien ?*
5) *Quelle est la langue que vous aimez le moins parler ? Pourquoi ?*
6) *Quelle est la langue que vous aimez le moins ? Pourquoi ?*

Nous avons numéroté de 1 à 6 ces questions. De façon à éviter des répétitions dans le texte, nous emploierons souvent le numéro de la question au lieu de la transcrire à chaque fois.

Durant le déroulement de l'enquête, nous avons trouvé chez les personnes interrogées une certaine difficulté à faire une différenciation entre les questions (principalement entre 2 et 3 puis entre 5 et 6). Un certain nombre de nos interlocuteurs avaient l'impression qu'il s'agissait de la même interrogation. Environ la moitié de notre effectif a donné des réponses identiques aux trois premières questions. Ce sont ces cas que nous allons d'abord analyser.

Les choix positifs : les réponses identiques aux trois premières questions

A ces trois interrogations, 133 personnes ont donné comme réponse le sango (soit 26,6 % de l'effectif et 54,50 % des réponses homogènes) ; 111 ont préféré la langue vernaculaire (c'est-à-dire 22,2 % du total et 45,49 % des choix identiques) : un seul a choisi le français.

Ces personnes semblent donc avoir fait leur choix entre les diverses langues qu'elles ont à leur disposition même si celui-ci les éloigne de leur milieu linguistique d'origine. Elles représentent 48,8 % de l'effectif total. Faut-il dire que cette proportion est importante pour un milieu citadin ou au contraire que cela révèle un certain désarroi de la part des habitants du quartier ? N'ayant pas connaissance d'études faites sur ce sujet, il nous est difficile d'en juger. Une chose est certaine : peu de gens ont choisi la langue vernaculaire (22,2 % du total), ce qui montre bien que, nombreux sont ceux qui ne vivent plus en contact étroit avec leur milieu d'origine.

Nous allons d'abord étudier ces résultats en faisant intervenir d'autres variables.

Tout d'abord, nous constatons que la proportion d'hommes ayant choisi la langue vernaculaire (22,05 %) est à peu près la même que celle des femmes (22,48 %). Par contre, pour le sango, le pourcentage des femmes préférant cette langue est supérieur à celui des hommes (32,54 % contre 23, 56 %). Il faut dire que plusieurs hommes ont souvent répondu "français", ce qui trouble l'homogénéïté des réponses.

Voici maintenant la répartition des réponses par groupes d'âge (Tableau 43).

TABLEAU 43 - Langues choisies
Répartition par groupes d'âge

GROUPES D'AGE	*SANGO*		*LANGUE VERNACULAIRE*		*FRANÇAIS*	
	N	*%*	*N*	*%*	*N*	*%*
15-25 ans	87	43,95	2	1,01	1	0,50
26-35 ans	23	27,71	2	7,22		
36-45 ans	17	24,63	15	21,73		
46-55 ans	4	4,76	38	45,23		
+ de 55 ans	2	3,03	50	75,75		
TOTAL 245 =	133		111		1	

Le pourcentage est calculé en fonction du nombre de personnes pour chaque groupe d'âge.

Il faut noter que le groupe le plus âgé a fait des choix beaucoup plus homogènes que le plus jeune. Il faut dire qu'il est moins intégré à la ville et qu'il reste dans l'ensemble assez fidèle à la langue de l'ethnie. Par contre la cohésion est ébranlée dès le groupe suivant puisqu'ils ne sont même pas la majorité à choisir la langue vernaculaire. On peut s'étonner que les moins de 25 ans ne se soient pas portés plus unanimement en faveur du sango; il faut dire que le français a été souvent choisi dans les réponses à la deuxième question.

Le sango est choisi par 68,42 % de ceux qui sont nés à Bangui tandis que 39,43 % des personnes nées dans un village choisissent la langue vernaculaire; 33,2 % des individus nés dans une ville de province ont répondu en citant la langue de leur ethnie aux trois premières questions, alors que nous n'avons pas trouvé un seul banguissois d'origine dans cette catégorie.

Une évaluation des choix selon les diplômes nous paraît utile (Tableau 44).

TABLEAU 44 - Langues choisies
Répartition suivant les diplômes

DIPLOMES	*SANGO*		*LANGUE VERNACULAIRE*		*FRANÇAIS*	
	N	*%*	*N*	*%*	*N*	*%*
Analphabètes	32	12,90	98	39,51		
Inférieur au CEPE	5	17,24	6	20,68		
CEPE ou plus	71	49,30	6	4,16		
BEPC ou plus	25	31,64	1	1,40	1	1,40

Les pourcentages sont calculés en fonction du nombre de personnes ayant le diplôme indiqué.

Nous ne serons pas surpris par le pourcentage d'analphabètes qui ont préféré la langue vernaculaire puisque nous savons que la quasi-totalité des personnes âgées n'a jamais fréquenté l'école. Par contre, près de la moitié de ceux qui sont titulaires du CEPE ont choisi le sango. Nous voyons par là que cette langue n'a pas encore subi la concurrence du français, celle-ci se manifeste surtout au niveau du BEPC comme nous allons le constater par la suite.

Il faut noter le rapport entre la langue choisie et la langue première (Tableau 45).

TABLEAU 45 - Langues choisies et langues premières

LANGUE PREMIERE	*LANGUE CHOISIE*		
	L.V.	*S*	*F*
Sango	3	119	1
L. vernaculaire	107	14	
S + LV		1	

Nous voyons donc que, le plus souvent, parmi les personnes qui ont fourni des réponses identiques aux trois questions, la langue préférée est la langue première.

Cependant, il ne faut pas perdre de vue que des réponses identiques n'ont été fournies que par la moitié de nos interlocuteurs. Le fait de donner des réponses semblables aux trois questions permet de penser que la personne interrogée est bien intégrée dans sa communauté linguistique. Le fait de donner des réponses différentes paraît plutôt révéler un certain désarroi. Bien qu'au niveau de l'effectif les pourcentages de réponses semblables et différentes soient à peu près égaux, on peut noter qu'ils varient avec l'âge des personnes interrogées. Voici les pourcentages de réponses différentes aux trois questions selon les groupes d'âge :

15-25 ans	54,54 %
26-35 ans	65,06 %
36-45 ans	53,62 %
46-55 ans	50 %
+ de 55 ans	21,21 %

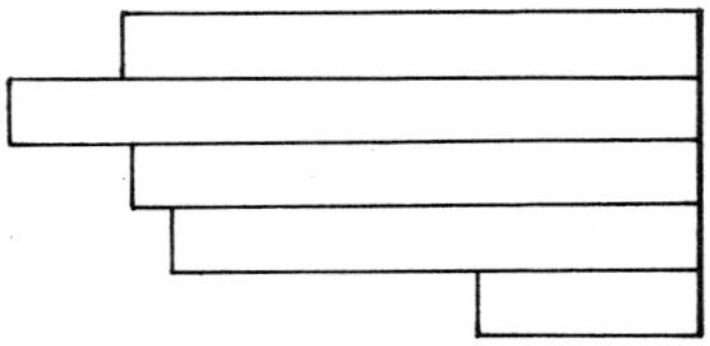

Alors que pour les plus de 55 ans, le problème de choix ne se pose pas, il semble concerner déjà la moitié des gens de la classe d'âge précédente (46-55 ans). Il va en augmentant jusqu'à atteindre 65 % pour les 26-35 ans. Par contre, nous constatons une baisse chez les plus jeunes. Cette baisse est relative mais il semble qu'un bon nombre d'entre eux aient déjà choisi le sango (87 soit près de 44 % de l'ensemble de ce groupe d'âge).

Nous allons maintenant analyser séparément les réponses obtenues.

Question 1 : QUELLE LANGUE PARLEZ-VOUS LE MIEUX ?

Nous avons obtenu au total 495 réponses qui se répartissent ainsi :

Langue vernaculaire	265	(53 %)
Sango	220	(44 %)
Français	10	(2 %)

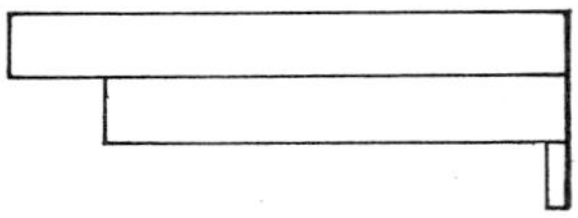

La majorité a donc l'impression qu'elle parle mieux la langue de son ethnie que toute autre langue. Le pourcentage est à peu près le même chez les hommes (52,26 %) que chez les femmes (53,84 %). Pour le sango par contre, les femmes le citent un peu plus que les hommes (46,15 % contre 42,90 %). A noter qu'aucune femme n'a cité le français comme langue la mieux parlée.

Un classement selon les âges nous paraît assez significatif.

TABLEAU 46 - Langue la mieux parlée
Répartition par groupe d'âges

GROUPES D'AGE	*SANGO*		*LANGUE VERNACULAIRE*		*FRANÇAIS*	
	N	*%*	*N*	*%*	*N*	*%*
15-25 ans	148	74,74	44	22,22	3	1,51
26-35 ans	36	43,87	43	51,50	4	4,80
36-45 ans	20	28,98	44	63,76	3	4,34
46-55 ans	11	13,09	73	86,90	-	-
+ de 55 ans	5	7,57	61	92,42	-	-

Les pourcentages sont calculés en fonction du nombre de personnes dans chaque groupe d'âge.

Les jeunes qui citent le sango comme langue la mieux parlée constituent presque les 3/4 du groupe d'âge. Il est vrai que parmi eux, 97 ne parlent pas la langue vernaculaire. Le choix de la langue de l'ethnie se fait surtout à partir de l'âge de 35 ans. Les gens qui estiment que le sango est l'idiome qu'ils parlent le mieux sont pour la plupart natifs de Bangui : 80,79 % des personnes nées dans la capitale ont répondu "sango" à cette question. Le pourcentage est inverse chez ceux qui sont nés dans un village : 82,19 % choisissent la langue vernaculaire. Les gens originaires d'une ville de province pensent, eux aussi, dans une forte proportion, qu'ils ont une meilleure maitrîse du parler de leur ethnie que de la langue véhiculaire.

Il semble d'ailleurs que ce soit la langue première qui soit considérée comme la mieux connue. En effet, 87,72 % de ceux qui ont répondu "sango" à la question n°1 ont ce parler pour langue première. 76,22 % de ceux qui ont d'abord appris la langue de l'ethnie estiment que ce parler est celui qu'ils connaissent le mieux.

Nous pouvons penser que le niveau scolaire a pu intervenir dans la maîtrise de ces idiomes (Tableau 47).

TABLEAU 47 - Langue la mieux parlée
Répartition selon les diplômes

DIPLOMES	*SANGO*		*LANGUE VERNACULAIRE*		*FRANÇAIS*	
	N	*%*	*N*	*%*	*N*	*%*
Analphabètes	44	17,74	198	**79,83**		
Inférieur au CEPE	12	*41,37*	16	**55,17**		
CEPE ou plus	107	**74,30**	34	23,61	5	3,47
BEPC ou plus	57	**72,15**	17	21,51	5	6,32

Les pourcentages sont calculés en fonction du nombre de personnes ayant le diplôme indiqué.

Nous voyons que le choix du sango se fait surtout lorsque l'on a été scolarisé principalement dès que l'on a atteint le niveau du CEPE. Il faut nuancer ce jugement en faisant remarquer que les analphabètes sont ceux qui ont été élevés en province dans un milieu où la langue vernaculaire est la langue la plus utilisée. On peut être surpris de constater que peu, même parmi ceux qui ont longuement fréquenté l'école, estiment avoir une bonne maîtrise du français.

Les réponses à cette première question nous révèlent que notre effectif comprend deux groupes distincts : l'un constitué par les jeunes citadins scolarisés parlant facilement le sango; l'autre par les personnes plus âgées, analphabètes, venant de la province et plus à l'aise en parlant la langue de leur ethnie. Entre les deux, nous trouvons plusieurs types intermédiaires que l'étude des réponses aux questions suivantes va nous faire découvrir.

Question 2 : QUELLE LANGUE PREFEREZ-VOUS PARLER ? POURQUOI ?

Nous avons obtenu 482 réponses réparties ainsi :

Langue vernaculaire	155	(31 %)
Sango	264	(52,80 %)
Français	63	(12,6 %)

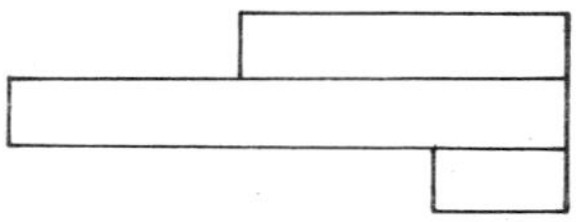

En comparant avec les réponses obtenues à la question 1, nous remarquons que le fait de bien parler une langue n'implique pas que l'on aime la parler. D'autres facteurs entrent en jeu, notamment le prestige de ces idiomes. Or nous constatons que si la langue vernaculaire est considérée comme langue la mieux parlée par 53 % de l'effectif, il n'en est plus que 31 % pour préférer l'utiliser. Par contre le phénomène est inverse pour le sango, 44 % estiment bien le maîtriser mais 52,80 % aiment l'employer. Le français subit une remontée du même ordre, de 2 à 12,6 %.

D'autres motivations que la maîtrise de la langue poussent ces personnes à parler celle-ci. Dans certaines circonstances (parfois simplement pour être mieux compris), il est préférable d'utiliser tel ou tel langage. Mais le prestige intervient aussi en ville où le sango et le français sont signes d'accès à une autre culture.

Les femmes sont plus nombreuses que les hommes à avoir répondu "sango" à la question 2 (61,53 % contre 48,33 %) ; mais le pourcentage est à peu près égal en ce qui concerne la langue vernaculaire (31,41 % chez les hommes, 30,17 % chez les femmes).

Par contre les représentants du sexe masculin sont un peu plus nombreux à aimer parler français (16,61 % contre 4,73 %). Il faut dire qu'ils sont plus souvent que les femmes dans des contextes où il est de bon ton de parler français.

Nous voyons que la valeur de prestige du sango est plus forte chez les femmes que chez les hommes ce qui confirme ce que nous avons dit plus haut (voir Tableau 34). Chez les hommes, au moins chez les jeunes scolarisés, c'est le français qui a cette valeur de prestige comme nous l'indiquent les Tableaux 48 et 49.

TABLEAU 48 - Langues choisies
Répartition par groupe d'âge (Question 2)

GROUPES D'AGE	*SANGO*		*LANGUE VERNACULAIRE*		*FRANÇAIS*	
	N	*%*	*N*	*%*	*N*	*%*
15-25 ans	132	**66,66**	12	6,06	44	23,23
26-35 ans	56	**67,46**	11	13,25	12	14,45
36-45 ans	38	**55,07**	25	36,23	3	4,34
46-55 ans	27	32,14	53	**63,09**	2	2,38
+ de 55 ans	11	16,66	54	**81,81**	0	-

Les pourcentages sont calculés en fonction du nombre de personnes dans chaque groupe d'âge.

La comparaison avec le Tableau 46 montre une progression du sango plus souvent choisi dans tous les groupes d'âge sauf le plus jeune. Cette classe utilise plus volontiers le français. Une analyse des motivations fait apparaître clairement le prestige du sango. On considère que le fait de parler la langue véhiculaire montre que "tu es un vrai Centrafricain", "que tu connais la vie". D'autres disent qu'ils ne sont "plus comme leurs parents qui ne connaissaient rien". Il ne faut pas négliger le fait que l'on aime parler cette langue parce que l'on est compris de tous. Ce motif est rarement mis en avant pour expliquer le choix du français. Celui-ci commence avec la scolarisation (Tableau 49).

TABLEAU 49 - Langues choisies
Répartition selon les diplômes (Question 2)

DIPLOMES	*SANGO*		*LANGUE VERNACULAIRE*		*FRANÇAIS*	
	N	*%*	*N*	*%*	*N*	*%*
Analphabètes	101	*40,72*	131	**52,82**	5	2,01
Inférieur au CEPE	14	*48,27*	9	31,03	5	17,24
CEPE ou plus	103	**71,52**	6	6,25	26	18,05
BEPC ou plus	46	**58,22**	9	7,59	27	34,17

On choisit la langue française pour être "éduqué", "parce que les gens vous respectent". On dit aussi qu'elle permet de "bien s'exprimer".

Quant à ceux qui préfèrent la langue vernaculaire, la motivation la plus fréquente est l'appartenance au groupe ("parce que c'est ma langue", "pour être compris de mes frères").

L'analyse des réponses à la question 3 confirme le prestige du français et du sango.

Question 3 : QUELLE LANGUE AIMEZ-VOUS LE MIEUX ? POURQUOI ?

La capacité du locuteur à parler une langue était le thème de la première question. La seconde portait surtout sur les possibilités et les choix. La troisième, elle, ne tient compte que de l'opinion. Aussi peut-on encore mieux mesurer le prestige des différents parlers.

139 personnes ont choisi la langue vernaculaire soit 29,20 % ce qui constitue une diminution par rapport aux deux questions précédentes. La raison de ce choix est la même que pour la question 2 : l'appartenance au groupe.

266 individus préfèrent le sango : le résultat est à peu près le même que pour la question précédente. Les raisons de ce choix sont :

la facilité (environ 20 %), la possibilité de communiquer entre Centrafricains (30 %), le prestige (50 %).

Le français est davantage cité que précédemment : 71 fois (14,91 %). Les raisons en sont : la nécessité (pour trouver un emploi), le prestige ("bien parler"). Beaucoup de jeunes le considèrent comme leur "deuxième langue maternelle".

Les comparaisons entre les réponses à ces trois questions montrent que l'on estime bien souvent mieux parler la langue de son groupe qui est souvent d'ailleurs la langue première, mais que pour des raisons essentiellement dues au prestige de ce parler, on aspire à une parfaite connaissance du sango. Les plus jeunes, eux, d'origine banguissoise et ne connaissant pas toujours la langue vernaculaire, considèrent — surtout s'ils ont été scolarisés — le français comme la langue à connaître pour jouer un rôle dans la société.

Nous allons maintenant étudier les langues rejetées de façon à voir si ces choix corroborent les précédents.

Les choix négatifs : les réponses aux trois premières questions

Un certain nombre de personnes n'ont pas répondu à ces interrogations : 147 ne l'ont pas fait à la première, 123 à la seconde, 154 à la troisième.

Parmi celles qui ont répondu, quelques-unes ont cité des langues apprises à un moment ou à un autre de leur vie et qui ne font pas directement partie de notre étude — celle-ci ayant surtout pour objet d'étudier les rapports de force entre le sango, la langue vernaculaire et le français.

Voyons d'abord la coïncidence des réponses négatives. Les choix homogènes négatifs sont plus rares que les choix positifs.

15 personnes ont cité le sango dans les trois réponses. Parmi elles, 14 personnes avaient choisi la langue vernaculaire pour les trois questions précédentes; 11 (8 hommes et 3 femmes) ont plus de 55 ans.

Inversement, 22 individus ont rejeté la langue vernaculaire. Parmi eux, 11 avaient choisi le sango en répondant aux questions 1, 2, 3; 16 de ces personnes ont moins de 25 ans (14 hommes et 2 femmes); 5 ont entre 26 et 35 ans.

Le français a été cité 26 fois. Voici la répartition par âge des gens qui l'ont choisi :

15-25 ans	11
26-35 ans	0
36-45 ans	4
46-55 ans	4
+ 55 ans	7

Cette diversité cache deux catégories d'individus qu'un examen du niveau socio-culturel permet de mieux cerner.
Les 11 jeunes sont titulaires du CEPE et l'on peut supposer que ce sont des gens qui manient bien la langue française mais ont conscience de leurs insuffisances et que celles-ci les rebutent au point de les empêcher d'aimer s'exprimer dans cette langue. Les autres appartiennent à la catégorie de ceux qui "bricolent" le français pour employer la terminologie locale; 11 sont analphabètes (parmi eux deux sont anciens combattants et trois employés de maison), les autres ont un niveau inférieur au CEPE. Nous pouvons donc penser que ce sont des personnes qui ont appris le français "sur le tas" et que certaines de leurs fonctions obligent à le parler de temps en temps.

Une autre catégorie assez importante est constituée par des individus citant des langues étrangères à notre domaine d'études (39 cas).
Voyons maintenant les réponses à chaque question.

Question 4 : QUELLE LANGUE PARLEZ-VOUS LE MOINS BIEN ?

Les réponses ont été les suivantes :

Langue vernaculaire	72	(20,39 %)
Sango	24	(7,24 %)
Français	174	(50,43 %)
Autres langues	83	(24,05 %)

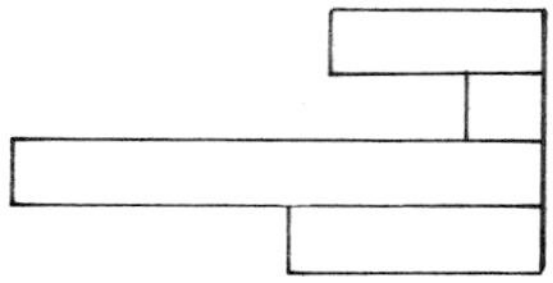

Les pourcentages sont calculés en fonction du nombre de réponses obtenues soit 353.

Ceux qui ont rejeté la langue vernaculaire sont en majorité jeunes (58 ont moins de 25 ans). Les hommes sont plus nombreux que les femmes. Le niveau scolaire est élevé = 33 ont le CEPE, 31 le BEPC. Pour la plupart ils ont le sango pour langue première (66 soit 91,66 %). 45 ont déclaré à l'enquêteur qu'ils ne parlaient pas la langue vernaculaire (on doit donc penser qu'ils en ont quelques notions). Plusieurs sont nés à Bangui (57 soit 79,16 %). Ces personnes se sont montrées résolument modernistes dans leurs autres choix.

Celles qui ont rejeté le sango appartiendraient plutôt au groupe opposé, très attaché à la tradition. Les plus de 45 ans dominent (18 sur 24). 22 ont pour langue maternelle une langue vernaculaire et 21 sont analphabètes.

Quant à ceux qui ont rejeté le français, nous pouvons les répartir ainsi : 90 ont moins de 25 ans, 24 ont entre 26 et 35 ans, les trois autres classes d'âge regroupent chacune 20 personnes. Parmi ceux qui ont plus de 55 ans, 12 sont anciens combattants. Le niveau scolaire et l'âge servent à différencier ces gens. D'un côté, nous avons les plus jeunes qui ont une bonne connaissance de la langue mais qui estiment celle-ci insuffisante; de l'autre ceux qui sont obligés parfois de parler un idiome qu'ils n'ont pas vraiment appris. Il faut noter que sur les 64 personnes dont le niveau est inférieur au CEPE, 33 avaient déclaré ne pas parler le français.

83 individus ont rejeté des langues qui ne leur étaient pas familières. Nous pouvons les classer ainsi :

- Autres langues vernaculaire présentes en Centrafrique :
  . langue d'une ethnie du même groupe linguistique : 53 réponses. (ex. gbaya et manza, banda et dakpa, zandé et nzakara).
  .langue d'une ethnie appartenant à un autre groupe linguistique : 14 réponses (ex. manza et banda, ngbaka et yakoma).

Ce sont des langues apprises soit avec la mère, l'épouse, au cours d'un voyage, etc.

- Grande langue véhiculaire parlée en Centrafrique et dans les pays limitrophes; 16 réponses dont :

Haoussa	9	
Lingala	4	
Yaoundé	3	(séjour au Cameroun)

Chaque apprentissage est un cas particulier difficilement comptabilisable.

Question 5 : QUELLE LANGUE AIMEZ-VOUS LE MOINS PARLER ? POURQUOI ?

Nous avons obtenu 391 réponses à cette question. Elles se répartissent ainsi :

Langue vernaculaire	143	(26,57 %)
Sango	114	(29,15 %)
Français	95	(24,29 %)
Autres langues	39	(9,97 %)

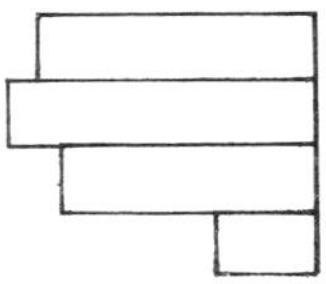

Calculs effectués sur le nombre de réponses obtenues.

Il faut noter que la langue vernaculaire et le sango sont plus souvent cités que dans les réponses à la question 4. Par contre le français est moins rejeté. Ceux qui ont conscience de le parler mal mais ne le rejettent pas pour autant sont souvent les jeunes aux yeux desquels cette langue a un certain prestige.

Quant à ceux qui n'aiment pas le sango, nous pouvons les diviser en deux groupes selon l'âge : les plus jeunes préfèrent le français, les plus âgés choisissent la langue vernaculaire. Les raisons du rejet du sango sont la difficulté de s'exprimer correctement ou le fait que cette langue soit considérée comme plus "simple" que le français ou le dialecte de l'ethnie; ce qui semble impliquer qu'on exprime moins facilement ce qu'on pense.

Ceux qui rejettent la langue vernaculaire disent que contrairement au sango, elle ne permet pas la communication entre tous les Centrafricains.

Quant au français, il est considéré comme trop difficile et par certains jeunes comme une langue coloniale.

Si l'on rejette les langues des autres ethnies, ce n'est pas en portant un jugement de valeur mais simplement parce qu'on les parle mal.

Question 6 : QUELLE LANGUE AIMEZ-VOUS LE MOINS ? POURQUOI ?

A cette question qui, comme la question 3, ne fait pas intervenir la capacité de parler une langue mais le jugement que l'on porte sur elle, nous constatons que la langue vernaculaire est encore plus souvent rejetée que précédemment. Parmi les 246 réponses obtenues, 165 ont cité la langue de leur ethnie, 82 le sango, 54 le français et 45 des langues appartenant à d'autres groupes ethniques que le leur. Nous voyons donc que le sango et le français sont moins souvent cités que dans les réponses à la question précédente.

Ceux qui n'aiment pas la langue vernaculaire sont des jeunes (129 ont moins de 35 ans); beaucoup sont nés en province (77). Les raisons de ce rejet sont les mêmes que précédemment mais cette fois quelques jeunes déclarent clairement qu'il s'agit d'une "langue de la brousse".

Quant au sango, ce sont les plus âgés qui le dénigrent le plus (63 ont plus de 45 ans). Par contre, nous constatons une diminution de ceux qui avaient rejeté le sango pour préférer le français. Ce qui permet de penser que le prestige du sango n'est pas atteint mis à part dans la catégorie des traditionalistes, mais ceux-ci n'ont jamais accepté cette langue.

Le français continue d'être rejeté par ceux qui déclarent qu'il est trop difficile. Parmi eux, 27 analphabètes dont on peut supposer que leur connaissance de cette langue est réduite au minimum.

Il faut donc conclure en voyant ces résultats, au déclin du prestige des langues vernaculaires. Celui-ci peut être illustré par la contradiction apparente que nous avons quelquefois relevée (43 personnes) : celles-ci déclaraient que la langue de leur ethnie étaient celle qu'elles parlaient le mieux, mais cependant en réponses aux questions 5 et 6, ils la citaient à chaque fois.

Le français est pour l'instant la langue élue par une minorité de jeunes qui parfois sont conscients de la mal parler mais aspirent à la mieux connaître. Pour les autres, elle reste une langue étrangère.

Quant au sango, mis à part les plus vieux qui le délaissent pour rester fidèles à la langue de leur ethnie et quelques jeunes scolarisés qui se tournent vers le français, nous pouvons dire qu'elle est la langue préférée de la majorité (266 personnes l'ont choisie en réponse à la question 3).

2.5. CONCLUSION

Déclin des langues vernaculaires

- 105 personnes déclarent ne pas parler la langue de leur ethnie. 258 ont pour langue maternelle le sango; même si 81 individus le disent sans qu'on en soit sûr, il n'en est pas moins vrai qu'ils ont appris cette langue en famille.
- La langue vernaculaire est de moins en moins employée avec les personnes de la même génération; même les plus âgées emploient le sango en concurrence avec elle en s'adressant à leurs frères et soeurs.
- En dehors de Bangui, il est probable qu'elle doit céder le pas au sango, tout au moins chez les plus jeunes.

Elle est la langue la mieux parlée, mais n'est pas citée comme langue préférée par tous ceux qui estiment bien le connaître. Au contraire, elle est souvent rejetée par eux.

Une langue envahissante : le sango

Considérée comme une langue simple, facilitant la communication entre tous les Centrafricains, ce parler quitte peu à peu son simple rôle de langue véhiculaire pour devenir la langue de prestige et le symbole du modernisme.

- Les enfants l'apprennent de plus en plus tôt, elle est maintenant la langue maternelle d'un bon nombre d'enfants de Bangui.
- On la parle de plus en plus entre personnes qui n'ont pas besoin d'elle pour communiquer (en famille, avec des amis de même ethnie). Le sango est véritablement devenu la langue nationale de la Centrafrique.

Le français : langue étrangère

Le français reste étranger à une grande partie de la population centrafricaine. Cependant, il tend, comme dans beaucoup d'autres pays, à devenir la langue de l'élite, laquelle reste malgré tout sentimentalement attachée au sango.

3. LE CHOC DES CULTURES

3.1. LA PREMIÈRE PÉNÉTRATION OCCIDENTALE

Rappels historiques

Nous avons vu dans notre introduction que le territoire centrafricain fut tardivement conquis. Aprement disputé par les puissances occidentales, le pays fut bientôt livré aux compagnies concessionnaires et fut, écrit P. KALCK (1974 : 165) :

> "l'objet au cours des vingt premières années du vingtième siècle, d'une exploitation assimilable au pillage".

La pénétration fut longue et difficile et longtemps l'administration fut réduite au minimum. Selon Pierre KALCK (1976 : 172), en 1897,

> "l'occupation française du pays centrafricain se limitait alors à quelques points d'appui : sur le fleuve, Mongoumba, Bangui, Fort-de-Possel, Mobaye, Bangassou, Rafaî, Zémio; sur la ligne de portage Oubangui-Chari : Fort-Sibut, Nana, Fort-Crampel; en Haute Sangha, Bania, Carnot, Nola. Tout le reste du pays, à peu près totalement inconnu, échappait à tout contrôle".

La mise en place des agents des compagnies concessionnaires se fit vers 1900 et la première division administrative du pays eut lieu en 1902-1903 : elle répartissait le territoire en quatre régions administratives. En 1908 une nouvelle organisation était décidée, le pays comptait 18 postes administratifs dont plus de la moitié étaient inoccupés. En 1906 arrivait le premier gouverneur de l'Oubangui-Chari-Tchad. Le système imposé par la colonisation étant très lourd pour la population centrafricaine (impôt, collecte de caoutchouc, portage), de nombreuses révoltes éclatèrent qui exigèrent pour les mater un plus grand déploiement de forces armées. Cette armée fut bien sûr, en grande majorité, recrutée sur place.

A cette époque, malgré tout, s'amorça un début d'équipement que freina le début de la guerre de 1914. Le système restait cependant très dur après la guerre puisque c'est en 1925 qu'André GIDE put en constater les abus qu'il dénonça dans le *Voyage au Congo* (1927).

En 1924, sous l'action du gouverneur Lamblin, était créé le début d'un réseau routier dans la colonie qui était ainsi reliée aux pistes sahariennes et aux routes du Congo Belge. L'automobile commence à pénétrer sur le territoire centrafricain : pour le peuple oubanguien cela signifiait surtout la fin d'un de ses cauchemars, le portage. Cependant, avec le travail forcé, le recrutement de main-d'oeuvre pour la construction du chemin de fer Congo-Océan, les misères devenaient de plus en plus insupportables, ce qui devait déclencher dans l'Ouest, la dernière révolte coloniale : la guerre de Kongo wara (guerre du manche de houe : 1928). En 1934, à la faveur d'une réforme administrative et sous l'impulsion du gouverneur Renard, un début de scolarisation était entrepris.

En 1940, l'Oubangui se rallie au Général de Gaulle et celui-ci nomme Félix Eboué Gouverneur Général de l'AEF libre. C'est avec lui que devaient commencer les véritables réformes dans cette colonie. La guerre de 1940 vit également l'enrôlement de nombreux ressortissants oubanguiens dans l'armée coloniale.

A la fin de la guerre fut élu le premier député oubanguien à l'Assemblée Nationale Française, Barthélémy Boganda. Durant les années qui suivirent, ce fut la longue marche vers l'indépendance.

Ce rappel avait pour but de situer l'émancipation de l'Oubangui-Chari et de fournir un bref aperçu du cadre historique dans lequel s'est déroulée la vie de la majorité des Oubanguiens. Nous allons maintenant étudier un aspect de la pénétration coloniale : le développement des missions religieuses.

La religion a favorisé l'expansion du sango

Selon Pierre KALCK, avant la première guerre mondiale, l'action des missions était limitée à Bangui, à la vallée de l'Oubangui et à la région de Bambari. De 1920 à 1930, sous l'égide de Mgr Calloc'h, furent fondées les missions de Berbérati, Mbaïki, Bangassou. Puis vinrent, avant la deuxième guerre mondiale, celles de Bozoum, Ippy, Alindao, Boda et Nola. Le nombre des baptisés qui atteignait à peine le millier en 1900, était de 7 000 en 1920 et de 14 000 en 1940. Cependant les effectifs des religieux restaient modestes puisque le nombre des prêtres n'était que de 38 en 1940.

Les missions protestantes s'installèrent au lendemain de la première guerre mondiale. Les missionnaires baptistes, arrivés en Oubangui en 1921, ouvrirent des postes à Bangui, Fort-Sibut, Bambari, Bria, Ippy, Kembé et Bangassou. La mission évangélique de l'Oubangui-Chari s'installa à Bossangoa, Bouca, Bozoum, Yaloké et Mbaïki. D'autres protestants s'implantèrent à la même époque à Ndélé, Baboua, Carnot (P. KALCK, 1974 : 252-253).

Malgré la diversité géographique de leurs installations, les missions tant catholiques que protestantes, n'avaient pas un rayonnement considérable puisque le nombre des catholiques était environ de 45 000 en 1940 et celui des protestants atteignait à peu près le même chiffre à cette époque. Cependant, leurs objectifs étaient différents. Selon Pierre KALCK, les missions protestantes s'attachaient à évangéliser des secteurs bien déterminés, tandis que les missions catholiques visaient à étendre leur réseau sur tout le territoire.

Mise à part l'expansion de la religion chrétienne, les missions jouèrent un rôle important dans l'histoire du pays en aidant au développement de la scolarisation et en répandant l'usage du sango.

Les missionnaires s'attachèrent à traduire la Bible en sango et dans quelques grandes langues vernaculaires. Actuellement, la quasi totalité des personnes interrogées qui déclarent avoir une activité religieuse disent la pratiquer en sango. Seuls quelques lettrés lisent les textes religieux en français. Il est d'ailleurs frappant de constater que des personnes analphabètes disent dans leur majorité lire les textes en langue véhiculaire. Les savent-elles tellement par coeur qu'elles s'imaginent pouvoir les lire ?

Parmi nos enquêtés, environ 80 % disent posséder une religion. Le nombre de catholiques et de protestants est à peu près le même, les musulmans restent en nombre infime. Des religions comme les témoins de Jéhovah et surtout la foi Bahaïe semblent trouver une audience dans notre quartier mais leur pourcentage n'atteint pas plus de 3 % des personnes interrogées. De toute manière, l'ensemble de ces cultes, musulmans exceptés, se déroule dans la capitale en sango. Les missions ont donc fortement participé à la diffusion de cette langue et elles ont joué un rôle historique dans la promotion du français par l'intermédiaire de la scolarisation.

Une autre institution coloniale aurait dû contribuer à la diffusion du français : l'armée. Nous allons étudier son apport à la société centrafricaine en analysant les réponses qu'ont apporté à notre questionnaire les quelques anciens combattants de l'armée coloniale que nous avons pu rencontrer.

Les anciens combattants de l'armée coloniale

15 personnes ont fait leur service dans l'armée coloniale. Tous ont répondu que la langue utilisée pendant leur service était le français, du moins dans leurs rapports avec leurs supérieurs. Avec leurs camarades, rares étaient ceux qui l'employaient. Ils apprenaient les langues de leurs compagnons surtout si ceux-ci étaient étrangers. Avec les Centrafricains, le sango facilitait la communication.

7 personnes parlent plus de trois langues et les ont apprises durant leur séjour à l'armée; 6 autres sont trilingues sango/français/ langue vernaculaire. Les deux anciens combattants restant estiment ne pas parler le français.

Ils sont presque tous analphabètes (sauf deux qui ont un niveau scolaire inférieur au CEPE et un qui dit posséder le BEPC). La plupart vivent de leurs pensions ou font un petit commerce ou encore sont employés comme gardiens chez les européens; d'autres sont redevenus cultivateurs.

Aucun d'entre eux n'utilise la langue française en famille. Tous, sauf un, parlent la langue vernaculaire seule avec leurs parents et le sango plus la langue de l'ethnie avec leurs frères et soeurs. Leur comportement est en cela semblable à celui des personnes de leur âge (ils ont tous plus de 45 ans). Celui qui possède le BEPC parle sango avec toute sa famille (parents et grands-parents y compris), ce qui est assez curieux puisqu'il est né dans un village et n'appartient pas au groupe sango.

Leurs préférences culturelles vont la plupart du temps à la tradition, encore que beaucoup disent écouter souvent la radio. C'est une de leurs seules concessions au monde moderne (leur pension leur a sans doute permis d'acheter un poste récepteur). Ils sont, dans l'ensemble, mieux logés que la majorité des habitants du quartier.

Cependant, malgré ces "signes extérieurs de richesse", nous n'avons pas l'impression que l'armée ait bouleversé leur vie. Leur mentalité diffère assez peu de celle des gens de leur âge, du moins sur les points que le questionnaire a permis d'éclairer.

3.2. LA SCOLARISATION

Rappels historiques

Comme nous l'avons souligné dans un chapitre précédent, les écoles furent fondées par les missions. En 1912, les écoles primaires catholiques comptaient 330 élèves dont 30 à Bangui et 252 près de Fort-de-Possel. Le service de l'enseignement de l'AEF fut créé en 1911, mais le nombre d'élèves en Oubangui-Chari n'était que de 269 dans les écoles publiques. Elles étaient dispersées dans les villes suivantes : Mobaye, Bria, Fort-Sibut, Bouca, Ouango, Rafaï, Bangassou, Zémio, Bozoum et Fort-Crampel. Pour pallier ce manque, des subventions furent accordées aux missions religieuses lorsqu'elles prenaient l'initiative d'une création d'école. Malgré tout, la situation n'évolua pas beaucoup jusqu'à la veille de la seconde guerre mondiale puisque le pourcentage de scolarisation n'atteignait pas 1,5 %. En 1934, une école destinée à la formation des cadres de l'AEF fut créée à Brazzaville. Après la guerre, des efforts furent entrepris mais le pourcentage restait encore minime : 8 % de scolarisés en 1953. Beaucoup de districts ne comportaient pas encore le cycle complet de l'enseignement primaire. Quant au secondaire, le premier collège fut fondé à Bangui en 1953 et il ne conduisait les élèves que jusqu'au BEPC.

Un effort fut fait à partir de 1954, puisque le taux de scolarisation qui était de 28 en 1956 atteignait 34,5 % en 1958. Ce fut dans les années qui suivirent l'indépendance qu'un véritable mouvement de scolarisation générale fut entrepris. Durant cette période, la progression annuelle était de 10 % dans le primaire, de 16 % dans le secondaire et de 11 % dans le technique. Le nombre des écoles passait de 297 en 1960 à 755 en 1970 : celui des maîtres de 849 à 2700 et celui des élèves de 54 000 à 153 000. En 1963, les effectifs pour les six premières années d'études étaient de 87 600 soit un taux de 46 %, le taux moyen pour l'ensemble de l'Afrique francophone étant de 49 % (P. KALCK, 1974 : 293). L'effort le plus important a porté sur le secondaire puisque le taux d'accroissement annuel a été de 27 % (la moyenne pour l'Afrique francophone étant de 21 %).

Cependant le taux de scolarisation reste bas par rapport à l'ensemble des autres pays africains d'expression française : le nombre d'élèves dans le secondaire (enseignement général et technique) n'atteignait que 7 716 en 1970 soit un taux de 2,9 alors que dans les autres pays francophones la moyenne est de 4,6. L'Empire Centrafricain était encore loin de ses voisins le Gabon et le Congo Brazzaville. En 1963, le rapport entre le primaire et le secondaire était de 3,1 c'est-à-dire que pour cent élèves entrés dans le primaire, seulement 3 pouvaient accéder à l'enseignement secondaire.

Une énorme différence subsistait entre les garçons et les filles puisqu'en 1970 le taux de scolarisation était de 76 % pour les garçons et de 28 % pour les filles. D'autres chiffres donnés par Pierre KALCK nous précisent ces données. Le pourcentage des filles était de 1/3 dans le primaire, 1/7 dans le secondaire et de 1/4 dans le technique.

Quant à la qualité de l'enseignement, elle dépend à la fois de la pédagogie adoptée et de la capacité d'accueil des écoles. En ce qui concerne ce dernier point, dans le primaire, les effectifs en classe de CP1 étaient de 79 et de 40 au CM2. Pour la sixième, selon notre expérience personnelle, ils étaient, en 1975, d'environ 55 élèves.

L'enseignement était calqué sur celui de la France, six années dans le primaire et sept dans le secondaire. Quant aux programmes, ils étaient sensiblement les mêmes, malgré quelques modifications récentes. Ce n'est que depuis 1976 que sont expérimentées dans quelques classes primaires, certaines méthodes d'enseignement en sango. Le type de pédagogie adopté dans l'ensemble des cycles semble peu efficace puisque le taux de redoublement est généralement très élevé. Voici quelques chiffres donnés par Pierre KALCK (1971) dans sa brochure de la Documentation Française consacrée à la République Centrafricaine : pour 11 000 élèves inscrits au CM2, 34 % avaient redoublé une fois, 29 % deux fois, 12 % trois fois et 16 % n'avaient jamais redoublé. En 1968-69, le taux de redoublement était de 46 %. Ceci est dû pour une bonne part à la difficulté du concours d'entrée en sixième puisque cette année-là, 14,5 % furent reçus au concours. Il ne semble pas, d'après ce que nous avons pu en juger pendant notre séjour à Bangui, que la situation se soit beaucoup modifiée. Il y a également un important déchet dans le secondaire puisque sur 800 élèves entrés en sixième, huit seulement sont devenus bacheliers. Dans l'enseignement supérieur, l'université n'a été créée qu'en 1969. Jusqu'à cette date, la plupart des étudiants centrafricains étaient boursiers à l'étranger.

Nous avons réuni ces quelques chiffres pour faire comprendre au lecteur dans quel cadre s'est déroulée la scolarisation des personnes interrogées. En résumé, nous la qualifierons ainsi : une quasi-absence jusqu'à la seconde guerre mondiale, un très lent démarrage jusqu'à l'indépendance, un progrès foudroyant depuis l'indépendance; celui-ci a tendance à se stabiliser depuis ces dernières années. Malgré tout, les Centrafricains restent en retard sur leurs voisins en ce qui concerne le nombre de cadres de niveau élevé.

Voyons maintenant quelles répercussions a pu avoir ce contexte historique sur la scolarité des élèves interrogés. Rappelons que sur 198 jeunes gens et jeunes filles âgés de moins de 25 ans, 128 étaient encore scolarisés. Ils se répartissent de la manière suivante en fonction du niveau d'études :

Titulaires du CEPE, mais redoublant le CM2
pour préparer le concours d'entrée en 6ème.................. 8
Classe de 6ème : 6 garçons, 2 filles........................ 8
Classe de 5ème : 19 garçons, 3 filles....................... 22
Classe de 4ème : 26 garçons, 4 filles....................... 30
Classe de 3ème : 16 garçons, 1 fille........................ 17
Classe de 2ème : 17 garçons, 5 filles....................... 22
Classe de 1ère : 11 garçons, 2 filles....................... 13
Etudiants en faculté (niveau supérieur au BAC).............. 3
Formation professionnelle, niveau CEPE...................... 2
" " niveau BEPC.................... 3

En tenant compte de la classe suivie et de l'âge des éléments scolarisés, nous obtenons les résultats consignés dans le Tableau 50.

TABLEAU 50 - Scolarité (âge moyen selon la classe suivie)

CLASSE SUIVIE	*AGE MOYEN*	*EFFECTIF*		
		Garçons	*Filles*	*Total*
6ème	15 ans 7 mois	6	2	8
5ème	16 ans 7 mois	19	3	22
4ème	17 ans 7 mois	26	4	30
3ème	18 ans 6 mois	16	1	17
2ème	19 ans 8 mois	17	5	22
1ère	20 ans 6 mois	11	2	13

Les enfants vont à l'école à l'âge de 6 ans en moyenne. La durée de la scolarité dans le cycle de l'enseignement primaire étant de 6 ans, ils devraient avoir 12 ans en arrivant au CM2. Or, d'après le tableau ci-dessus, l'âge moyen auquel les élèves entrent en sixième est de 15 ans 7 mois, soit une différence de 3 ans 7 mois. Ce qui signifie qu'entre le CM2 et la 6ème, le passage n'a pas été direct. Le retard accusé par les élèves semble provenir du taux de redoublement généralement élevé et de la difficulté de réussir au concours d'entrée en 6ème la première fois qu'on s'y présente.

Au cours de notre enquête, nous avons interrogé huit élèves préparant ce concours. Cinq étaient âgés de 15 ans; les autres avaient respectivement 16, 17 et 19 ans. Pendant leur scolarité dans l'enseignement secondaire, les élèves passent d'une classe à l'autre avec une fréquence relativement régulière d'un an. Ce fait ne doit pas masquer l'importante déperdition scolaire que souligne Pierre KALCK (sur 800 élèves entrés en 6ème, huit seulement deviennent bacheliers). Il n'est pas permis de redoubler plusieurs classes de suite dans le secondaire. En outre les titulaires du CEPE et du BEPC qui ont du mal à suivre leur cycle, ont la ressource de se présenter aux divers concours de recrutement pour suivre une formation professionnelle. Ainsi d'année en année, le nombre des élèves diminue régulièrement jusqu'en terminale.

Ce taux important d'échec peut-il être attribué à l'origine géographique des élèves ? En voyant le Tableau 51, nous ne pouvons pas dire (compte tenu du faible effectif dans certaines catégories qui rend difficiles les comparaisons) que les jeunes gens nés en province soient beaucoup plus défavorisés que ceux de Bangui. Cette discrimination a plus joué au détriment des filles puisque le pourcentage de femmes non scolarisées qui avoisine les alentours de 50 % chez les jeunes filles de province tombe à 21 % chez celles de Bangui.

Pour les deux groupes d'âge suivants, 26-35 ans et 36-45 ans, les femmes et les hommes nés à Bangui ont un pourcentage de scolarisation nettement supérieur à celui des personnes originaires de province.

Quant aux plus âgés, les résultats sont si médiocres que nous ne pouvons tirer qu'une conclusion : l'analphabétisme est la loi, ceux qui ont été un tant soit peu scolarisés restent l'exception. Ces personnes étant nées en province, il n'est pas possible de faire une comparaison avec celles de Bangui.

Il semble donc qu'actuellement, l'écart se comble entre la capitale et le reste du pays. D'ailleurs l'enseignement secondaire est maintenant présent dans presque toutes les préfectures de Centrafrique. On pourrait penser que la qualité de cet enseignement est meilleure dans la capitale où les professeurs les plus diplômés sont le plus souvent retenus. Ce critète n'est pas tellement probant pour les élèves interrogés car presque tous sont venus en sixième à Bangui. Quant à l'enseignement primaire, les classes surchargées se rencontrent autant dans la capitale que dans les villes de province.

TABLEAU 51 - Diplômes : répartition par groupes d'âge suivant l'origine

AGE		NES A BANGUI					NES DANS UNE VILLE DE PROVINCE					NES DANS UN VILLAGE				
		Total	Ø	- CEPE	CEPE +	BEPC +	Total	Ø	- CEPE	CEPE +	BEPC +	Total	Ø	- CEPE	CEPE +	BEPC +
15-25 ans	H	98	6,12	2,04	63,57	28,57	40	10	7,5	60	22,5	8	-	12,5	62,5	12,5
	F	37	21,62	5,40	45,94	27,02	13	46,15	-	46,15	7,69	2	50	50	-	-
26-35 ans	H	13	7,69	23,07	30,76	38,46	19	36,84	10,52	21,05	31,57	7	57,14	-	14,28	28,57
	F	14	71,42	7,14	14,28	7,14	24	79,16	-	16,66	4,16	6	83,33	-	16,66	-
36-45 ans	H	12	16,66	8,33	25	41,66	19	68,42	10,52	21,05	5,26	5	40	20	-	40
	F	1	-	-	100	-	25	92	4	4	-	7	85,71	-	14,28	-
46-55 ans	H	1	100	-	-	-	45	75,55	11,11	6,66	6,66	13	92,30	-	-	7,69
	F	1	100	-	-	-	17	94,11	5,88	-	-	7	100	-	-	-
+ 55 ans	H	0	-	-	-	-	37	86,48	8,10	2,70	2,70	14	92,85	-	-	7,15
	F	0	-	-	-	-	11	100	-	-	-	4	100	-	-	-

Les pourcentages sont calculés en fonction du nombre de personnes appartenant à chaque groupe d'âge et nées à l'endroit indiqué (chiffre figurant dans la première colonne).

Total (en nombres absolus);
Ø (analphabètes; - CEPE (inférieurs au CEPE);
CEPE + (CEPE ou plus); BEPC + (BEPC ou plus).

N'ayant pas assez d'éléments pour résoudre ce problème, qui à lui seul mériterait toute une enquête, nous nous contenterons de voir les influences de la situation linguistique de l'élève sur son niveau scolaire.

L'école et la famille : situation linguistique au niveau scolaire

Nous allons envisager quatre problèmes :

- la langue maternelle de l'élève
- le nombre de langues parlées par celui-ci
- l'impact de la situation linguistique de la famille sur la scolarisation
- l'utilisation des langues à l'école et du français en dehors de l'école.

a) *LA LANGUE MATERNELLE DE L'ELEVE*

Afin de mieux circonscrire notre étude, nous ne prendrons en considération que les trois classes d'âge ayant connu une scolarisation importante sinon complète. Nous considérerons le cas des personnes ayant entre 15 et 45 ans.

TABLEAU 52 - Répartition selon le niveau scolaire des sangophones primaires

GROUPES D'AGE	*POURCENTAGE DES PERSONNES AYANT LE SANGO POUR LANGUE MATERNELLE*			
	Ensemble	*- CEPE*	*CEPE +*	*BEPC +*
15-25 ans	83,33	42,85	88,18	91,48
26-35 ans	67,46	100	78,57	86,66
36-45 ans	37,68	60	50	66,66

Les pourcentages ont été calculés dans la première colonne en fonction du nombre total de personnes appartenant à ce groupe d'âge, pour les autres colonnes en fonction du nombre de personnes ayant le diplôme indiqué.

Le tableau 52 indique la répartition selon le niveau scolaire de ceux qui ont pour langue maternelle le sango.

Il semble que le pourcentage de ceux qui ont la langue véhiculaire pour langue première est plus élevé chez ceux qui ont fréquenté l'école que dans l'ensemble de la classe d'âge sauf pour ceux qui ont un niveau scolaire inférieur au CEPE et qui ont moins de 25 ans. Cette exception en quelque sorte confirme la règle puisque, l'ensemble du groupe d'âge étant très scolarisé, ce sont ceux qui ont le moins fréquenté l'école qui ont pour langue première le parler de l'ethnie. La barrière de la sélection a reculé. Pour les gens de 26 à 45 ans, elle se situe entre scolarisation et non scolarisation, pour les plus jeunes entre primaire et secondaire.

Il faut être très prudent quant à l'interprétation de ce résultat. Avoir le sango pour langue maternelle signifie presque toujours que l'on est citadin de naissance. Cependant nous avons vu que cette donnée (la naissance dans la capitale) n'avait pas — au moins chez les plus jeunes — une influence primordiale sur la scolarisation.

Le fait d'avoir le sango pour langue première signifie-t-il posséder une certaine possibilité d'adaptation à l'école que n'ont pas ceux qui sont nés dans des familles traditionalistes ? Il serait imprudent de l'affirmer. Afin d'éclaicir ce problème, une autre étude serait nécessaire exigeant le concours d'un psychosociologue.

b) *NOMBRE DE LANGUES PARLEES*

Nous avons décidé d'étudier pour les trois classes d'âge considérées le pourcentage de personnes scolarisées qui ont conservé la langue vernaculaire et de le comparer avec le pourcentage de ceux qui ont abandonné cette langue.

Dans la classe des 15-25 ans, l'abandon est majoritaire (53,5 % pour les titulaires du CEPE, 60 % pour ceux qui ont le BEPC). Dans les deux autres groupes c'est le contraire qui se produit (on conserve plus volontiers le parler de l'ethnie, sans doute à cause de l'âge) ; mais on remarque néanmoins que plus on est instruit, plus on a tendance à l'abandonner.

Quelles conclusions faut-il tirer de ces constatations ? La possibilité d'apprentissage d'une langue nécessite deux conditions au moins : un contexte favorable (présence de personnes de l'entourage parlant cet idiome) et une volonté d'apprendre ce parler. Il faut donc croire soit que ces individus ont vécu dans des familles qui ne parlaient pas souvent la langue de l'ethnie; soit qu'ils n'ont pas désiré l'apprendre ou tout au moins ne souhaitent plus continuer à la parler.

La première hypothèse peut être éclaircie en étudiant les langues parlées par le père en s'adressant à la personne interrogée. En revoyant le Tableau 25, nous constatons qu'il n'y a que 25 cas où le père ne s'adresse pas à EGO en langue vernaculaire. Autrement il l'emploie seule ou il utilise aussi le sango. Pour la mère, les abandons de la langue de l'ethnie en s'adressant à l'enfant sont aussi rares : 24 cas.

Il faut alors admettre que les personnes qui sont scolarisées abandonnent plus fréquemment l'usage de la langue vernaculaire que les autres ou prétendent ne plus savoir la parler.

Nous avons vu que presque tous les parents parlaient la langue vernaculaire avec les enfants mais tous n'utilisent pas avec la même fréquence le sango et le français.

c) *UTILISATION DES LANGUES EN FAMILLE ET SCOLARISATION*

Afin de mesurer l'impact sur la scolarisation de l'utilisation des langues en famille, nous étudierons successivement le cas où le père ne parle pas le sango avec ses enfants et celui où le père parle le français avec eux. Nous aurons ainsi deux cas extrêmes, le cas le plus fréquent étant celui où le père emploie le sango et la langue vernaculaire.

Il peut sembler curieux de prendre pour référence le père quand on sait qu'en Afrique, l'apprentissage linguistique se fait surtout avec la mère et l'entourage (frères, camarades du quartier, etc.). Nous avons pensé que le père représentait le symbole du niveau socio-culturel des familles. En effet, lorsque le père ne parle pas sango, on peut le voir comme un représentant de la famille rurale; s'il parle cette langue, il était probablement déjà citadin; s'il connaît le français c'était probablement un cadre de l'administration coloniale.

Nous voyons en étudiant le Tableau 53 que le père des analphabètes utilise plus volontiers la langue vernaculaire seule que dans les autres catégories.

TABLEAU 53 - Répartition par niveau scolaire des enfants auxquels le père s'adresse uniquement en langue vernaculaire

GROUPE D'AGE	*Ø*	*- CEPE*	*CEPE +*	*BEPC +*
15-25 ans	*44,44*	*32*	15,78	12
26-35 ans	*34,78*	-	*26,66*	*25*
36-45 ans	60,86	*40*	*25*	20

Le pourcentage est calculé en fonction du nombre de personnes possédant le diplôme désigné dans chaque groupe d'âge.

Lorsque le père était déjà citadin, on peut penser que la famille possède un certain style de vie qui permet à l'enfant de mieux s'adapter à l'école. L'écart est encore plus net lorsqu'il s'agit du français. Tous les enfants dont le père parle cette langue ont au minimum le CEPE. Parmi ceux qui ne sont plus scolarisés, tous ont atteint le niveau du BEPC. Cependant ces cas sont rares puisque 23 pères parlent les trois langues (français, langue vernaculaire, sango) avec leurs enfants et 5 sont bilingues français sango.

L'usage du français est assez peu répandu dans les familles. Parmi ceux qui parlent le français (soit 254 personnes), 82 sont seuls dans leur entourage à connaître cette langue (32,28 %). Dans les autres familles la répartition se fait ainsi :

Le français est connu par :

au moins un membre de la génération précédente	28 (11,02 %)
au moins un membre de la même génération (56 fois il a été précisé qu'il s'agissait du frère aîné)	119 (46,85 %)
le conjoint	3
toute la famille	13

Le résultat est supérieur à 254 car certaines personnes ont été comptées deux fois.

Chez ceux qui ne connaissent pas le français (246 personnes) dans 118 cas, aucun membre de la famille ne parle cette langue (47,96 %), ce qui est un pourcentage plus élevé que dans les foyers où l'enfant scolarisé est seul à connaître ce parler (32,28 %). Nous avons vu qu'il n'existait pas de cas où l'on trouve un membre de la génération précédente parlant le français dont le fils n'ait pas été scclarisé. Par contre, 105 personnes de la même génération que la personne interrogée parlent le français mais dans 99 cas on précise qu'il s'agit du frère cadet. Les autres personnes connaissant le français dans ces familles sont généralement les enfants (19 cas) ou le conjoint (4 cas).

Ces résultats permettent de penser que lorsque le père ou le frère aîné a déjà fréquenté l'école, les réussites scolaires sont plus faciles. Il faut dire aussi que le statut social de ces personnes étant meilleur, elles rencontrent moins de difficultés quotidiennes pour poursuivre correctement des études.

La réponse à la question "*Avez-vous commencé à apprendre le français avant d'aller à l'école* ?" est significative. Parmi les 125 personnes qui ont répondu positivement à la question, 25 ont appris cette langue avec le père, 92 avec le frère aîné, les autres avec les voisins. Ces 125 personnes ont toutes un niveau supérieur au CEPE; 88 (70,4 %) sont encore scolarisées et 26 (20,8 %) sont entrées dans la vie active avec un niveau égal au BEPC.

Il nous reste à envisager le problème de l'utilisation de ces langues à l'école et en dehors de l'école.

d) *UTILISATION DU FRANCAIS A L'ECOLE ET EN DEHORS DE L'ECOLE*

Il semble que l'usage du français soit réservé au seul temps passé dans les salles de classe (et encore!). Dans les cours de récréation, bien que les 3/4 des élèves aient déclaré parler le français, nous savons qu'il n'en est rien et que l'essentiel des conversations se déroule en sango. Lorsque l'on parle en français cela se fait le plus souvent au cours d'une conversation commencée en langue véhiculaire. L'alternance des deux langues est fréquente.

Quant à l'utilisation du français en dehors de l'école, nous avons vu (Tableaux 30 et 31) que cette langue était souvent utilisée avec les frères et quelquefois avec les amis du quartier. Mais le sango reste quand même la langue la plus souvent parlée par les jeunes.

Accès à la culture occidentale ?

Nous venons de voir que le fait d'être né dans une famille parlant déjà le français ou même déjà citadine représentait un acquis culturel non négligeable. Cependant bien que les programmes aient été jusqu'à une époque très récente calqués sur ceux de la métropole, pouvons-nous parler d'un accès à la culture occidentale ? Nous allons examiner ce problème en étudiant l'impact sur la population de la culture occidentale extra-scolaire, c'est-à-dire celle qui se diffuse par les moyens audio-visuels de communication (radio, cinéma, lecture).

3.3. LES MOYENS MODERNES DE COMMUNICATION

Si la scolarisation a été longtemps la meilleure voie d'accès au modèle occidental, il faut dire que depuis quelques années, avec l'apparition du transistor, le plus éloigné des villages a pu faire son entrée dans le monde moderne.

Une écoute importante de la radio qui favorise la diffusion du sango

La Centrafrique dispose d'une station d'émission, Radio-Bangui. Elle diffuse ses émissions en français et en sango. Selon BLANCPAIN et

REBOULLET (1976 : 305), il y aurait eu en 1974 102 heures d'émissions hedbomadaires en français soit un pourcentage de 85 %.

De plus Radio-France international émet de 5 heures à 20 heures 30 GMT en direction de l'Afrique Centrale.

Le sango est présent sur les antennes de Radio-Bangui sous formes de bulletins d'informations trois fois par jour. Des émissions destinées au monde rural sont aussi diffusées ainsi que des magazines féminins et le concert des auditeurs.

Par contre, il n'existait pas à ma connaissance d'émissions en langues vernaculaires.

Il semble que les habitants interrogés soient intéressés par la radio puisque disent l'écouter :

souvent	253	(50,6 %)
assez souvent	106	(21,2 %)
rarement ou pas du tout	141	(28,2 %)

Cette dernière catégorie se rencontre surtout parmi les personnes de plus de 45 ans.

Si l'on demande à nos interlocuteurs en quelle langue ils préfèrent écouter les émissions, 54,5 % les écoutent dans les deux langues tandis que 45,5 % préfèrent le sango. Ces chiffres recoupent à peu près ceux concernant l'alphabétisation.

Le plus souvent, bien entendu, ceux que l'on peut qualifier d'intellectuels préfèrent les émissions en français parce qu'elles sont plus culturelles ou plus intéressantes, (il s'agit d'émissions de l'Office de Coopération Radiophonique OCORA : sujets historiques, pièces policières). Mais beaucoup souhaiteraient des émissions en sango de durée plus longue "pour que nos pères puissent comprendre" ou "parce que c'est notre langue".

Quelques personnes (environ 20 %) souhaiteraient des émissions en langue vernaculaire pour garder la tradition présente ou pour que les villageois qui ne connaissent ni le français ni le sango puissent comprendre. Il est curieux de constater que ce sont des personnes d'âge moyen (25-45 ans) qui émettent le plus fréquemment ce voeu. Les plus âgées semblent penser que la radio n'appartient pas à leur monde et ne souhaitent pas la modification des programmes. Quant aux plus jeunes, ils sont trop engagés sur la voie du modernisme pour modifier leur attitude.

Dans l'ensemble, les gens semblent satisfaits ou demandent plus d'émissions en sango. Il semble que par le truchement de la radio, cette langue puisse se répandre plus facilement encore à l'intérieur de la Centrafrique. Malheureusement, mis à part quelques journalistes qui font l'effort de parler une langue dégagée de toutes contagions extérieures, on entend le plus souvent un sango créolisé où les emprunts au français sont fréquents telle cette émission féminine de la matinée où l'animatrice — très appréciée par les femmes — parle un sango qui n'est sans doute pas compris par qui n'a aucune connaissance du français. C'est un problème qui a été soulevé par Luc BOUQUIAUX (1969) dans son article "La créolisation du français par le sango véhiculaire, phénomène réciproque". Il serait bon, quand on voit l'impact que la radio peut avoir au niveau de la diffusion de cette langue, qu'un effort soit fait de la part des présentateurs pour essayer de garder à ce parler un maximum de "pureté" en essayant de l'enrichir par des créations lexicales plutôt que par l'emprunt systématique de mots français.

Bangui disposait aussi en 1975 d'un réseau de télévision, l'essentiel des émissions provenant de l'Office de Coopération Radiophonique, la langue employée était le français. Seules les informations et quelques émissions de variétés étaient présentées par des Centrafricains. De toute manière, la télévision ne touchait en 75 qu'un petit nombre de personnes et nous n'avons pas vu beaucoup d'antennes sur les toits de paille du quartier Boy-Rabe. Par contre le quartier disposait d'un cinéma et nous allons étudier l'impact de celui-ci sur notre zone d'enquête.

Le cinéma : domaine des adolescents

La quartier disposait d'une salle de cinéma où l'on projetait surtout des westerns, des films policiers et des films d'Orient et d'Extrême-Orient.

59 personnes disent aller souvent au cinéma (11,8 %)

75 déclarent le faire assez souvent (15 %)

les autres (366) n'y sont jamais allées ou l'ont fait très rarement (73,2 %).

Ce sont les jeunes (essentiellement les garçons de moins de 25 ans) qui fréquentent les salles obscures. A partir de 35 ans, rares sont ceux qui disent y être allés plus d'une fois.

Si ces films ne sont pas d'origine française, le doublage de la production étrangère se fait dans cette langue. Parfois ces films sont sous-titrés et les acteurs s'expriment dans une langue que les jeunes appellent le "japonais". Ceci vaut surtout pour les films d'Extrême-Orient présentant des scènes de violence.

Ceux qui ne vont pas au cinéma estiment que les places sont très chères ou qu'ils ont mal aux yeux, à moins qu'ils n'avouent tout simplement ne pas comprendre ce qui se déroule sur l'écran. Cette remarque vaut surtout pour les plus âgés qui ne sont pas habitués à ce genre de spectacles.

Plutôt que de voir des films en langues africaines la plupart des jeunes souhaiteraient apprendre le "japonais". Une minorité souhaiterait voir des films en sango "pour que nos pères puissent comprendre" mais eux-mêmes n'éprouvent pas le besoin de voir une revalorisation de leur culture par le cinéma. Il faut dire que les films africains de la qualité de ceux de Sembène OUSMANE par exemple sont rares en Afrique et la Centrafrique n'a pas encore à notre connaissance produit de grand cinéaste.

Les films qui traitent de la vie africaine sont le plus souvent présentés au Centre Culturel Français et non pas dans les cinémas de quartier. Il est fort probable que les amateurs de westerns de série Z ou de films indiens n'ont jamais vu de films revalorisant la culture africaine. D'autre part, les productions françaises ou étrangères d'une certaine qualité (ou tout au moins ayant connu un succès commercial dans la métropole) sont distribuées dans les cinémas du centre ville où les prix pratiqués sont trop élevés pour le budget de la plupart des habitants du quartier.

Malgré tout, il semble que ce soit au cinéma que les jeunes trouvent leurs modèles culturels. La reproduction dans la rue des scènes de violence vues dans les films d'arts martiaux est fréquente. Une analyse précise de l'idéologie véhiculée par ces ouvrages montrerait peut-être quels idéaux recherchent ces jeunes citadins.

Un objet rare : le livre

Tout d'abord nous ne devons pas négliger le fait que notre effectif comptait une moitié d'analphabètes. Ceci nous permettra de relativiser les chiffres suivants :

128 personnes déclarent lire beaucoup	(25,6 % du total)
91 disent lire un peu	(18,2 %)
281 ne lisent jamais	(56,2 %)

Ces chiffres appellent quelques commentaires. Nous avons compté 223 personnes dont le niveau scolaire était au moins égal au CEPE. Ce chiffre semble recouvrir à peu près celui de ceux qui lisent (219), mais il est assez surprenant de constater que le nombre de ceux qui ne lisent pas dépasse celui des analphabètes alors qu'un certain pourcentage parmi eux (environ 20 %) disent lire assez souvent des textes religieux. Ce phénomène n'est pas rare. On voit souvent de vieilles femmes n'ayant jamais fréquenté l'école, être capables de lire (ou de réciter?) un livre de prières en sango du premier au dernier mot de la page. Ce phénomène fausse donc un peu les chiffres réels que nous avons pu établir pour l'enquête sur la lecture.

Les ouvrages les plus lus sont les livres scolaires (88 %). Ce qui se conçoit puisqu'une partie de nos enquêtés est encore scolarisée. Les textes religieux sont lus par environ 20 % de nos interlocuteurs, 45 % lisent des romans (essentiellement policiers ou d'espionnage). Les illustrés constituent avec les livres scolaires la principale lecture des élèves (85 %). Quant aux journaux, ce sont les publications centrafricaines qui sont les plus citées (*Bangui Match*, *Ta Tènè*, *Sukula*). Ces deux journaux contrairement à ce que les titres peuvent faire croire sont des publications en français; 70 % des lecteurs disent les lire. Une faible minorité (moins de 10 %) lit parfois *Paris Match* ou l'*Express*. Le prix élevé des journaux européens y est sans doute pour quelque chose ainsi que la mauvaise distribution de cette presse diffusée par une seule librairie de la ville car il n'y a pas de kiosques dans les quartiers.

Nous voyons donc qu'à part les livres scolaires, les lectures de l'habitant du quartier sont assez réduites. Il ne faut pas négliger les difficiles conditions de la lecture en Afrique. D'abord d'un point de vue matériel, l'habitant du quartier n'a pas souvent les moyens d'acheter des livres, même les livres de poche qui, si ils sont d'un prix modique pour le lecteur français, sont d'un coût trop élevé pour le budget d'un Centrafricain.

Les bibliothèques de lycées disposent le plus souvent des ouvrages au programme (quand ils y sont). Il reste à Bangui deux sources d'approvisionnement pour ceux qui veulent emprunter des livres :

- le centre protestant pour la jeunesse
- le centre culturel français

Les deux centres sont bien pourvus et il est certain que des lecteurs peuvent, moyennant une modique cotisation annuelle, y trouver ce qu'ils cherchent. Mais il semble que d'autres causes peuvent intervenir pour expliquer ce manque de goût pour les lectures intellectuelles.

D'une part en Afrique, il est rare de pouvoir trouver au quartier un endroit bien éclairé pour lire et disposer d'un minimum de calme. Il n'est pas rare de voir dans les rues de Bangui des élèves étudiant sous les lampadaires, phénomène courant dans toutes les capitales africaines.

Ensuite les motivations à la lecture sont différentes de celles de l'Européen. En Afrique on lit (ou plutôt on étudie) pour accéder à une certaine position sociale, pour préparer un examen, un concours, ce qui explique le succès de collections telles que "le parfait secrétaire" et autres manuels professionnels. C'est ce que Jacques CHEVRIER nomme la "lecture placement". Quant à la lecture loisir, elle porte surtout sur les bandes dessinées et les romans photos. La lecture qui entraîne une réflexion personnelle est assez rare en Afrique, ce qui explique le peu de succès des romans "littéraires".

> "Il faut bien savoir toutefois que l'Afrique est une aire de civilisations orales et que le livre d'importation récente est lié à la pénétration européenne et renvoie constamment à des mobiles culturels qui sont ceux de la civilisation occidentale" (J. CHEVRIER, 1974 : 264).

Ceci explique sans doute la fonction de l'écriture en Afrique.

L'écriture fonctionnelle concurrence peu à peu le "téléphone arabe"

Jusqu'à nos jours, les nouvelles couraient surtout de bouche à oreille en Afrique. Il n'est pas rare que les gens du quartier soient au courant de nouvelles qui n'ont pas été annoncées dans les journaux. On sait toujours très rapidement la maladie ou la mort d'un parent au village d'origine sans que soit parvenue la nouvelle écrite.

Néanmoins, lorsqu'on écrit, c'est toujours en français que l'on s'exprime. Pas seulement pour faire un rapport au chef de bureau mais parfois pour écrire aux parents restés au village qui, eux, ne connaissent pas cette langue et sont obligés de se faire traduire la missive. Paradoxalement, ils font aussi écrire la réponse en français.

Depuis quelques années, la présence de fils salariés en ville fait que les lettres tendent à devenir assez fréquentes surtout lorsque les vieux ou les petits frères estiment que les citadins sont trop négligents envers eux. Ces missives sont rarement mises à la poste, mais plutôt confiées à une personne de connaissance lorsque celle-ci prend l'autocar pour la capitale. Beaucoup de demandes d'un plus jeune à un aîné, d'un plus pauvre à un plus riche se font par l'intermédiaire de lettres écrites en français. Ainsi, il n'est pas rare de voir un jeune venir rendre visite à un parent qu'il estime riche; ce jeune reste assis une, deux heures sans parfois ouvrir la bouche ou en parlant de choses et d'autres, puis au moment de partir il tend une lettre rédigée en français dans laquelle il demande une certaine somme d'argent ou un service. Ceci est d'autant plus paradoxal que la conversation avec ce parent s'est déroulée en sango ou en langue vernaculaire et que les deux individus peuvent s'entendre dans ces deux idiomes; mais il ne viendrait à l'idée de personne de remettre une lettre en sango à un interlocuteur lettré.

Les personnes interrogées ont paru surprises lorsque nous leur avons demandé si elles souhaitaient savoir écrire le sango ou leur langue, comme si écriture et français allaient obligatoirement ensemble et appartenaient à un autre monde; apprendre à lire, à écrire en français allait de soi, ces deux choses étaient indissociables.

Ces réponses nous ont rappelé certains rires de jeunes lorsque nous leur avons demandé s'ils aimeraient voir des films en sango ou en langue vernaculaire. Il semble que ce monde soit trop étranger pour qu'on ose l'adapter ou l'africaniser. Seule la radio échappa à cette loi, elle est maintenant devenue familière à chacun. On admet donc qu'elle emploie la langue du pays. Les autres mass-médias restent pour la majorité des "affaires de blancs".

Quelle culture, et pour qui ?

Nous avons jugé utile de dresser un tableau synthétique en tenant compte des réponses aux trois premières questions (radio, cinéma, lecture). Nous n'avons pas pris en considération les réponses concernant l'écriture pensant que ceux qui savaient lire savaient aussi écrire (mis à part le cas des analphabètes qui disent les livres religieux mais ne sont pas capables de déchiffrer d'autres textes).

Pour établir ce tableau, nous nous sommes inspirée de la méthode exposée par Allan BARTON dans son article "Le concept d'espace d'attributs en sociologie" (BOUDON et LAZARSFELD, 1971 : 148-170).
Nous avons décidé de mettre deux points à ceux qui ont répondu "souvent", un point pour "assez souvent" et zéro pour les réponses "rarement" ou "pas du tout".
Nous notons donc ainsi de 0 à 2 les réponses obtenues aux questions concernant la radio, le cinéma, la lecture. Le score maximum est donc de 6.
Ceci permet donc d'avoir une idée de l'impact des moyens de communications audio-visuels sur la population du quartier.
Nous avons présenté les résultats obtenus dans deux tableaux :

. le Tableau 54 tenant compte de l'âge et du sexe des personnes interrogées
. le Tableau 55 prenant en considération leur niveau scolaire

Ces tableaux appellent quelques commentaires :
Il faut noter l'écart toujours important entre les hommes et les femmes en ce qui concerne l'accès à la culture occidentale. Nous avons trouvé les mêmes décalages à propos de la scolarisation. Il semble que

TABLEAU 54 - Scores obtenus aux questions concernant les moyens de communication audio-visuels - Répartition par âge et par sexe

GROUPES D'AGE		SCORES						
		6	5	4	3	2	1	0
15-25 ans	H	24,65	22,60	24,65	11,64	10,95	3,42	2,05
	F	2,84	11,53	15,38	17,30	21,15	17,30	13,46
26-35 ans	H	10,25	7,69	7,69	15,38	23,07	28,20	7,69
	F	-	-	2,27	4,54	22,72	40,90	29,54
36-45 ans	H	2,77	8,33	11,11	13,88	13,88	38,88	11,11
	F	-	-	-	9,09	27,27	30,30	33,33
46-55 ans	H	1,69	1,69	3,38	6,77	22,03	32,20	32,20
	F	-	-	-	8	12	36	**44**
+ 55 ans	H	-	-	1,96	3,92	21,56	31,37	**41,17**
	F	-	-	-	-	6,66	6,66	**86,66**

Les pourcentages sont calculés en fonction du nombre d'hommes et de femmes appartenant à chaque groupe d'âge.

Légende : **41,17** (caractères gras) + 40 %
31,37 (italiques) 30-40 %
22,03 (script) 20-30 %
11,11 (romain) 10-20 %
6,77 (petits caractères) - 10 %

TABLEAU 55 - Scores obtenus aux questions concernant les moyens de communication audio-visuels - Répartition suivant les diplômes

DIPLOMES	SCORES						
	6	5	4	3	2	1	0
Analphabètes			2,41	4,83	18,95	**33,46**	**40,32**
- CEPE		3,44	6,89	13,79	**34,48**	**34,48**	6,89
CEPE ou +	17,36	*19,44*	*20,83*	13,88	15,97	10,41	2,08
BEPC ou +	*24,05*	*21,51*	*21,51*	17,72	10,10	5,06	-

Les pourcentages sont calculés en fonction du nombre de personnes ayant le diplôme indiqué.

l'on ne porte un intérêt certain aux moyens de communication audio-visuels que lorsque l'on a moins de 25 ans et que l'on appartient au sexe masculin.
Pour les autres, nous voyons que l'intérêt décroît au fur et à mesure que l'âge avance. La même chose se constate pour les diplômes. Il faut une certaine familiarité avec les autres modèles culturels occidentaux (scolarisation) pour avoir accès aux moyens de communication audio-visuels. La progression est nette et constante pour chaque étape franchie dans le domaine scolaire.

3.4. LES MOYENS ORAUX TRADITIONNELS

Afin de rendre les questions posées compréhensibles sans ambiguïté, nous avons quelque peu modifié leur présentation. Dans le formulaire on demandait si la personne interrogée connaissait des contes, des devinettes ou des proverbes dans sa langue maternelle. Comme pour un certain nombre d'individus la langue première est le sango, afin d'éviter toute équivoque nous avons demandé à l'enquêteur de remplacer ce terme par le nom de l'ethnie à laquelle appartenait la personne interrogée.

La question suivante portait sur la connaissance des contes et des proverbes dans une autre langue. Celui dont la langue maternelle était le sango pouvait s'il connaissait ces contes et ces proverbes, le mentionner à cet endroit. Cette formulation nous paraît éviter quelques malentendus.

Le questionnaire comportait trois questions sur la connaissance (proverbes, devinettes et contes) et une question sur la participation de la personne interrogée à cette culture ("*Racontez-vous des histoires et des contes en langue africaine* ?").

Voyons d'abord les résultats globaux aux trois premières questions.

Dans l'ensemble, peu d'intérêt manifesté pour les moyens oraux traditionnels

143 personnes déclarent connaître beaucoup de proverbes dans la langue de leur ethnie (28,6 %), 150 en connaissent un peu (30 %) et 207 disent ne pas en savoir (41,4 %).

En ce qui concerne les devinettes, il semble qu'elles jouissent d'une faveur plus grande que les proverbes. 159 (31,8 %) en connaissent beaucoup, 160 (32 %) un peu et 181 pas du tout (36,2 %).

Quant aux contes : 113 personnes en savent beaucoup (22,6 %), 162 quelques-uns (32,4 %) et 225 déclarent ne pas en connaître (45 %).

Ces chiffres semblent montrer un intérêt mitigé pour les moyens oraux traditionnels. En étudiant les Tableaux 56 et 57 nous aurons une idée plus précise du problème.

Le Tableau 56 met en rapport les scores obtenus avec l'âge et le sexe des personnes interrogées. Le Tableau 57 présente cette répartition selon les diplômes obtenus.

Comme nous l'avons fait dans le paragraphe précédent, nous avons établi un système de notation allant de zéro à 2 pour les réponses aux trois questions (connaissance des proverbes, contes, devinettes). Le score maximum possible était donc 6.

Il était facile de prévoir que les jeunes scolarisés se montreraient les moins réceptifs à la culture traditionnelle : 74,65 % des garçons de moins de 25 ans ont un score inférieur ou égal à 2.

Les plus de 45 ans obtiennent des scores qui, certes, sont élevés (59,33 % pour ceux de la tranche d'âge 46-55 ans, 80,39 % pour les plus vieux) mais qui semblent montrer que la force de la tradition est ébranlée, même chez les plus âgés. Cette affirmation doit être nuancée par le fait que l'enquête a été menée par une occidentale avec l'aide d'enquêteurs jeunes, ceci a pu modifier l'idée que les personnes interrogées voulaient donner d'elles-mêmes.

D'autre part, il se pose un problème d'évaluation des connaissances. En effet parmi ceux qui ont plus de 45 ans un certain nombre de personnes obtiennent un score inférieur à 2. Leur mémoire est-elle défaillante au point d'oublier leur patrimoine culturel ? Nous pensons qu'il s'agit d'un problème d'évaluation des connaissances. La personne âgée peut implicitement faire une comparaison avec tel membre de son groupe ethnique connu pour sa culture et déclarer en se comparant à lui qu'elle ne connaît pas beaucoup de proverbes ou de contes. Le même phénomène peut se produire en sens inverse chez les jeunes. Les réponses à ces questions sont subjectives puisqu'elles reposent sur une évaluation. Elles nous montrent comment la personne interrogée se perçoit ou plus exactement comment elle voudrait que l'enquêteur la perçoive.

Dans les classes d'âge intermédiaires, la connaissance des moyens oraux traditionnels de communication semble assez restreinte puisque les pourcentages de ceux qui ont obtenu un score égal ou supérieur à 4

TABLEAU 56 - Scores obtenus aux questions concernant les moyens oraux traditionnels

GROUPES D'AGE		SCORES						
		6	5	4	3	2	1	0
15-25 ans	H	4,10	7,53	5,47	8,21	14,38	*28,08*	**32,19**
	F	3,84	3,84	3,84	5,76	*26,92*	*28,84*	*26,92*
26-35 ans	H	5,12	10,25	10,25	5,12	*23,07*	*28,20*	17,94
	F	0	4,54	13,63	13,63	**36,36**	*25*	6,81
36-45 ans	H	8,33	8,33	11,11	*27,77*	*25*	8,33	11,11
	F	9,09	9,09	15,15	*24,24*	*27,27*	12,12	3,03
46-55 ans	H	10,16	16,94	**32,20**	8,47	15,25	11,86	5,08
	F	8	4	16	**40**	*20*	8	4
Plus de 55 ans	H	*25,49*	19,60	**35,29**	7,84	9,80	1,96	0
	F	6,66	*20*	*26,66*	**40**	6,66	0	0

Les pourcentages sont calculés en fonction du nombre d'hommes et de femmes appartenant au groupe d'âge considéré.

TABLEAU 57 - Scores obtenus aux questions sur les moyens oraux traditionnels de communication

NIVEAU SCOLAIRE	SCORES						
	6	5	4	3	2	1	0
Ø	10,08	12,90	*24,19*	*20,56*	*23,38*	7,25	1,61
- CEPE	*20,68*	6,89	*20,68*	6,89	*24,13*	17,24	3,44
CEPE +	4,86	8,33	2,77	6,94	16,66	**31,94**	*28,47*
BEPC +	0	3,79	5,06	3,79	11,39	**32,91**	**43,03**

Les pourcentages sont calculés en fonction du nombre de personnes possédant le diplôme indiqué.

oscillent entre 25 et 30 %. Il faut dire que dans les groupes les plus jeunes, les citadins à part entière sont nombreux. Ils n'ont sans doute pas l'occasion d'entendre souvent des contes. La plupart du temps ils les écoutent lors des deuils (60 %) ou le soir chez eux (25 %).

Les proverbes et les devinettes semblent un peu plus connus sans doute parce qu'ils font partie — même en ville — de l'éducation des enfants; c'est un moyen pour développer l'intelligence.

Toutefois, nous constatons que mis à part les plus âgés, l'ensemble de notre effectif a une connaissance très moyenne de la tradition.

Quant à leur participation au maintien de celle-ci, elle ne semble pas très élevée; 182 jeunes de moins de 25 ans disent ne jamais raconter d'histoire (91,91 %). Ce pourcentage tombe à 70 chez les hommes de la classe d'âge suivante. Malgré tout, au moins la moitié des femmes de plus de 25 ans déclarent raconter des histoires à leurs enfants et à ceux des voisins. Les plus jeunes disent les raconter en sango. Celui-ci est employé par les enfants et il semble que leurs mères pour mieux se faire comprendre d'eux, traduisent dans la langue véhiculaire des contes appartenant au patrimoine culturel de leur ethnie; en tout cas il ne s'agit pas d'histoires tirées de la culture des hommes du bord du fleuve (Ngbandi).

Malgré tout, certains jeunes (environ 15 % des moins de 25 ans) nous ont déclaré connaître des proverbes et des contes en sango, mais nous ne sommes pas en mesure de connaître la véritable origine de ces histoires.

La culture traditionnelle est encore présente chez les plus âgés, mais il semble bien que son déclin soit amorcé chez les plus jeunes. Cependant les jugements portés sur cette culture lui sont favorables.

L'influence des moyens oraux traditionnels de communication est jugée positive

Afin de juger de la valeur de ces moyens oraux traditionnels le questionnaire demandait l'opinion de la personne interrogée en suggérant plusieurs réponses. Les proverbes et les devinettes étaient-ils considérés comme :

- amusants et intéressants
- éducatifs
- inutiles et peu intéressants.

Quant aux contes étaient-ils considérés comme utiles et pourquoi ?

L'unanimité s'est faite pour rejeter la réponse "inutiles et peu intéressants". Cependant, nous n'avons pas constaté lors des interviews le même enthousiasme à défendre la culture traditionnelle chez toutes les personnes. Les plus âgés profitaient de cette question pour faire des commentaires sur la valeur éducative de ces proverbes alors que les plus jeunes les trouvaient tout simplement amusants et intéressants.

En ce qui concerne les contes, c'est sur leur valeur didactique qu'ils sont jugés :

"ils donnent de bons conseils aux gens"
"ils éduquent la jeunesse",
"ils sont de meilleurs (*sic*) guides"

sont les réponses les plus fréquemment enregistrées.

Nous pouvons donc considérer qu'il existe une contradiction apparente entre la médiocre connaissance des moyens oraux traditionnels et les opinions émises à leur sujet.

Une contradiction qui n'est pas seulement apparente

A notre avis cette contradiction reflète celles des générations transitoires. Gardant la nostalgie de leur enfance, ils ne peuvent s'empêcher d'avoir une bonne impression sur ces contes et devinettes entendus lorsqu'ils étaient plus jeunes. Mais, habitant dans une ville, dans un contexte différent, ils n'ont plus ni les loisirs, ni les occasions leur permettant de maintenir vivante cette culture. D'autre part, les plus scolarisés d'entre eux subissent l'attrait de l'Occident et se tournent vers d'autres idéaux.

Leur logique et leur comportement recourent à des références contradictoires. Mais n'est-ce pas la logique même de leur situation ? N'assiste-t-on pas à la création d'une nouvelle culture typiquement citadine faite de l'union des contraires ?

Dans ce chapitre consacré à la tradition, il n'a pas été possible de prendre en considération les réponses aux questions concernant l'initiation, nos interlocuteurs étant peu bavards sur ce sujet.

3.5. UNE NOUVELLE CULTURE CITADINE

Afin de montrer ce désarroi tel qu'il se manifeste lors des réponses au questionnaire, nous voudrions tout d'abord établir une synthèse des scores obtenus aux questions sur les moyens de communication audio-visuels et oraux traditionnels.

Une difficile synthèse des contraires

Le Tableau 58 est une récapitulation des notes obtenues aux questions concernant les moyens oraux traditionnels et audio-visuels de communication. Dans la première colonne horizontale, sont portés les scores susceptibles d'être obtenus aux réponses concernant la tradition. La première colonne verticale est réservée aux notes concernant le modernisme. A l'intersection des différents scores obtenus, nous trouvons dans chacune des cases du tableau, le nombre des individus ayant obtenu les notes indiquées dans chaque première colonne. Par exemple : 28 personnes ont eu un point aux questions sur les moyens audio-visuels et deux points aux moyens oraux traditionnels. Les chiffres encadrés représentent le nombre total de personnes ayant obtenu un score haut, moyen ou bas, par exemple 15 personnes ont obtenu des notes de 4 ou de 3 dans les deux séries de questions.

Nous pouvons tout de suite constater que le nombre de personnes fortement intégrées dans les deux cultures est assez limité (10 ont obtenu un score supérieur ou égal à 5 dans les deux séries de questions soit 2 %). Ce sont des personnes jeunes ou d'âge moyen, mais ayant un niveau scolaire élevé. Leur naissance dans des villes de province leur a permis de maintenir le contact avec la culture d'origine.

Face à ce petit nombre de personnes connaissant bien les deux cultures, nous trouvons 121 individus soit 24,2 % qui ont obtenu un score inférieur ou égal à 2 aux six questions posées. Ces personnes ont perdu le contact avec la vie traditionnelle (la plupart sont nées en province mais sont venues à Bangui avant l'âge de 20 ans). Par contre, n'ayant pas un niveau scolaire élevé, elles n'ont pas accès à la culture occidentale. Parmi les trois moyens modernes de communication cités, elles n'utilisent que la radio. Celle-ci est la seule porte sur le monde moderne que possèdent les analphabètes puisque n'ayant pas été scolarisés, ils ne peuvent prétendre à la lecture; quant au cinéma, leur ignorance du français et un certain désarroi devant ces images qui bougent les éloignent de ce lieu (du moins les plus âgés, les plus jeunes étant devenus des habitués).

Les scores importants obtenus à la série de questions sur les moyens audio-visuels sont obtenus par les lettrés. Parmi eux, nous en

TABLEAU 58 - Scores obtenus aux questions sur les moyens de communication audio-visuels et oraux traditionnels (en chiffres)

			TRADITION									
			+			∅			-			
			6		5	4		3	2	1		0	Total
MODERNISME	+	6	2	**10**	3	2	**7**	2	5	8	**73**	22	44
		5	1		4	1		2	5	19		14	46
	∅	4	4	**11**	5	3	**15**	2	11	17	**78**	12	54
		3	1		1	5		5	10	11		17	50
	-	2	7		5	17		12	20	18		8	87
		1	3	**67**	16	20	**118**	25	28	15	**121**	6	113
		0	20		16	27		17	19	6		1	106
Total			38		50	75		65	98	94		80	500

Les totaux représentent le nombre de personnes ayant obtenu le score indiqué dans la première colonne.

trouvons 73 (14,6 %) qui ont adopté une attitude franchement moderniste (score supérieur ou égal à 5 aux questions sur les moyens audio-visuels). Cette forte participation va de pair avec un rejet de la tradition (leur score varie entre zéro et deux). Ce sont les plus instruits, les plus insérés dans le monde moderne, ceux qui oublient le plus volontiers la langue de leur ethnie. Ils ont perdu le contact avec le passé et se tournent vers l'occident. Ils sont suivis par un groupe de 78 (15,6 %) personnes qui n'obtient pas un score aussi fort aux questions sur le modernisme (3 et 4 points) mais qui rejette la tradition.

Un groupe nous paraît s'opposer de manière catégorique à ce comportement, il s'agit de celui que constituent les 67 personnes âgées fidèles à la tradition (13,4 %, total supérieur ou égal à 5), mais rejetant le modernisme ou n'y ayant pas accès (score égal ou inférieur à 2). A ce groupe, il faut en ajouter 118 autres (23,6 %) qui ont obtenu un total de 3 ou de 4 aux questions concernant la tradition et dont les notes sont inférieures ou égales à 2 dans l'autre série. Il reste donc 33 personnes qui ont obtenu un score moyen dans les deux catégories.

TABLEAU 59 - Scores obtenus aux moyens de communication audio-visuels et oraux traditionnels en pourcentages.

		TRADITION		
		+	∅	-
MODERNISME	+	2 %	1,4 %	14,6 %
	∅	2,2 %	3 %	15,6 %
	-	13,4 %	23,6 %	24,2 %

Ce tableau révèle que 61,2 % des personnes interrogées ne sont pas modernistes; parmi elles : 24,2 % sont coupées de la tradition, 23,6 % sont peu concernées par elle et 13,4 % seulement sont traditionalistes. 54,4 % ne sont pas traditionalistes, parmi elles nous trouvons les 24,2 % qui ne sont pas non plus modernistes, mais aussi 15,6 % qui sont peu concernées par la culture moderne; 14,6 % seulement sont modernistes.

Si nous envisageons le cas des 17,6 % d'individus qui sont traditionalistes, 13,4 % ne sont pas modernistes, 2,2 % sont peu concernés par la culture moderne et 2 % seulement sont aussi modernistes.

Chez les modernistes (18 %), 14,6 % ne sont pas traditionalistes, 1,4 % sont peu concernés par la tradition et seulement 2 % sont aussi intéressés par elle.

Autrement dit il y a 66,4 % des personnes interrogées que la tradition ne concerne pas ou fort peu et qui sont peu ou mal adaptées au modernisme contre 2 % qui sont acquises au modernisme sans renier la tradition; 14,6 % sont totalement acquises au modernisme et coupées de la tradition tandis que 13,4 % sont restées traditionalistes sans avoir accès au modernisme.

Nous pouvons essayer de mettre en relation ces résultats avec d'autres variables.

Le nombre de réponses faibles aux questions sur les moyens audio-visuels de communication (total égal ou inférieur à 2) est de 306. Ce chiffre dépasse celui des analphabètes. On peut donc penser que mis à part les non-scolarisés qui ne peuvent pas choisir (ils n'ont pas accès à cette culture), il existe environ une soixantaine de personnes qui bien qu'ayant fréquenté l'école ne manifestent pas d'intérêt pour elle. Cette proportion est assez réduite car l'on doit tenir compte aussi des individus ayant eu une ou deux années de scolarisation et qui, faute d'une pratique suffisante de la lecture sont retournés à l'analphabétisme.

Par contre, nous avons 272 personnes ayant totalisé deux points au questionnaire sur la tradition. Ce chiffre est beaucoup plus important que celui des personnes nées à Bangui (177). Nous pouvons donc penser qu'il regroupe aussi des individus venus dans la capitale pendant la petite enfance (45 sont arrivés avant l'âge de 5 ans), soit que l'individu citadin abandonne plus ou moins volontairement son patrimoine culturel traditionnel. Peut-être l'oubli est-il là aussi dû à l'absence de pratique. On ne peut donc pas vraiment parler de choix culturels (beaucoup moins en tout cas que de choix linguistiques). Selon que l'individu est scolarisé ou non, les portes de la culture occidentale lui sont ouvertes ou fermées. Quant à la tradition, le citadin est pris par les diverses sollicitations du monde moderne qui le font vivre dans un autre contexte que celui du village. Il se sent donc obligé de modifier certaines de ses attitudes et cela qu'il soit lettré ou non (ceci explique que 121 personnes, bien que n'ayant pas accès à la culture occidentale, aient totalisé un faible score aux questions sur la tradition).

L'habitant du quartier vit dans deux univers juxtaposés et les éléments qu'il tire de l'un ou de l'autre pour avoir sa propre vision du monde sont difficiles à cerner dans une étude comme celle-ci. En effet, nous constatons que si certains d'entre eux sont tournés vers le passé et d'autres tentent résolument de s'ouvrir sur le monde moderne, une grande partie des personnes interrogées n'est pas en mesure d'effectuer ce choix.

Oscar LEWIS (1961 : 29-33) semble avoir bien décrit ce phénomène dans l'introduction de son ouvrage *Les enfants de Sanchez*. Il tente de définir ce qu'il nomme la "culture des pauvres". Il pense qu'

> "elle se développe lorsqu'un système économique et social stratifié s'écroule ou est en voie d'être remplacé par un autre...".

Il cite plusieurs exemples notamment le cas du Mexique qu'il a lui-même étudié et il ajoute :

> "Elle peut également voir le jour au cours d'un processus de détribalisation comme cela se passe actuellement en Afrique où, par exemple, les émigrants des tribus vers les villes engendrent une culture de cour très proches des *vecindades* de Mexico".

Cependant, il pense qu'il ne faut pas définir la culture des pauvres uniquement en termes négatifs

> "mais qu'elle présente également un côté positif dans la mesure où elle est douée d'une structure, d'un système de rationalisation et d'auto-défense sans lesquels les pauvres ne pourraient guère survivre".

Il n'est pas très facile de définir les aspects positifs de cette culture à travers les réponses à ce questionnaire. Il permet plutôt de sentir un certain désarroi.

La vie des quartiers telle que l'a décrite Michel CROCE-SPINELLI (1968) dans *Les enfants de Poto-Poto* nécessite pour être étudiée une observation directe. Il n'est pas facile, par exemple dans le questionnaire consacré à la religion, de se faire une idée de l'imbrication des croyances traditionnelles et de la religion chrétienne. Or cette importance accordée au surnaturel est l'un des aspects les plus importants de la culture citadine africaine. Néanmoins, nous pensons qu'il est un domaine où la tradition et le modernisme ont fait une alliance assez productive, il s'agit de la musique.

La musique, alliance de la tradition et du modernisme

Pratiquement tous nos interlocuteurs disent connaître des chansons en langue africaine. Environ 70 % disent en connaître beaucoup, les autres disent en savoir quelques-unes. Ces chansons sont connues en langue vernaculaire par 65 % d'entre eux. On peut parfois connaître des mélodies dans une langue qui n'est pas la sienne (10 % environ).

Les airs à la mode diffusés en sango sont connus de presque tous les jeunes (65 % disent connaître des chansons en langue véhiculaire). Environ 25 % connaissent aussi des chansons en lingala. Il faut dire que Radio Bangui diffuse quotidiennement en plus des succès locaux ce que l'on a coutume de nommer de la musique congolaise. C'est probablement ce désir de comprendre les succès en lingala qui fait que celui-ci est la langue que l'on souhaite le plus apprendre surtout quand on est jeune.

En Centrafrique on dispose de plusieurs orchestres de réputation nationale dont les airs sont joués dans les bars des quartiers. Ces séances de danse en plein air sont quotidiennes comme dans toutes les villes africaines. Le quartier ne s'anime réellement qu'après six heures du soir et parfois jusqu'à fort tard dans la nuit. Il y règne l'ambiance des endroits populaires avec la musique, les danses, l'alcool. Cette ambiance est une des caractéristiques de cette culture. Le plus souvent cette musique est diffusée par un tourne-disque, mais il arrive assez souvent que des séances de danses traditionnelles soient organisées sous les vérandas des bars par exemple.

Il ne semble pas que les chansons soient réservées à des usages précis (sauf peut-être certains chants traditionnels). Le fait de chanter est chez la plupart des personnes interrogées une question d'humeur. On peut fredonner seul ou en compagnie, il n'y a pas de règles. Chanter fait partie de la vie quotidienne.

Avoir l'occasion de jouer d'un instrument de musique est certainement un peu plus rare. Cependant 80 % de nos interlocuteurs ont déclaré savoir jouer d'un instrument de musique traditionnel. Les instruments les plus souvent cités sont le tambour, le balafon et le kundi.

Voici la définition que L. BOUQUIAUX (1978) donne de ce terme dans son *Dictionnaire sango* :
1. harpe arquée à cinq cordes
2. par ext. guitare de facture européenne.

Ceux qui ne savent pas aimeraient apprendre à jouer de l'un de ces instruments.

Personne ne possède la maîtrise d'un instrument européen, sauf deux jeunes qui disent jouer de la guitare. Cependant cet instrument est très souvent cité par les jeunes qui désireraient apprendre à en jouer surtout si elle est électrique! Le saxophone a été aussi très souvent cité par les moins de 25 ans. On peut voir ici l'influence des "idoles" de la musique congolaise ou américaine, influence qui paraît se refléter particulièrement dans le souhait que formulent de nombreux hommes de tous les âges : pouvoir chanter dans un micro. Cette réponse assez inattendue nous est apparue comme très révélatrice des aspirations de certains adolescents (et pas seulement eux). Est-ce un phénomène voisin du culte des idoles en occident ? ou est-ce l'émerveillement de voir sa propre voix pouvoir être entendue de tous ? Nous ne pouvons le dire. Cette réponse nous dévoile cependant une partie des rêves que doivent faire certains habitants du quartier.

Nous pouvons continuer à essayer d'étudier ces aspirations des plus jeunes en feuilletant les ouvrages qu'ils disent lire.

Diffusion de la sous-culture occidentale

Parmi les personnes qui nous ont dit lire souvent ou assez souvent, nous n'en avons rencontré que très peu lisant des ouvrages qu'il est convenu de classer dans la catégorie "textes littéraires". Ceux qui nous ont été cités (les romans de Camara LAYE, Ferdinand OYONO ou les oeuvres d'Aimé CESAIRE) ont fait le plus souvent l'objet d'études dans le cadre scolaire.

En dehors des livres de classe, les élèves s'intéressent aux romans policiers ou d'espionnage plutôt qu'aux oeuvres des grands écrivains. Ainsi trouve-t-on de nombreux lecteurs de Jean BRUCE ou de Frédéric DARD. On peut d'ailleurs se demander comment ils perçoivent le personnage de San Antonio. Le voient-ils comme un héros invincible auquel les femmes ne résistent pas ou bien apprécient-ils l'art du calembour présent à chaque page ?

Outre ces romans populaires, les gens du quartier lisent des journaux et des illustrés. Le journal le plus lu est *Bingo* (par environ 15 % des lettrés). C'est un mensuel africain à la fois politique et culturel dont le niveau est accessible au cadre moyen. Il se compose d'articles sur des événements d'actualité, de rubriques sportives, de comptes rendus de spectacles, de quelques tribunes culturelles. Il semble militer pour une prise en charge de la culture africaine par les africains.

Dans les numéros que nous avons feuilletés des articles sont consacrés aux oeuvres d'art et à l'édition avec des titres assez révélateurs : "Pour la restitution des oeuvres d'art à leur pays d'origine", "Décoloniser l'édition".

Ce journal fait une large place au sport principalement au football qui est l'un des sujets de conversation favori de beaucoup de ses lecteurs africains. A l'époque où cette enquête a été menée, il n'existait pas beaucoup de journaux sportifs consacrés au sport africain, c'est pourquoi ne figure dans cette liste des journaux les plus lus qu'un seul titre *Africa Podium*. Ce fait ne nous paraît pas en proportion avec l'engouement que suscitaient chez les habitants du quartier les matches de football. Les rencontres entre "Tempête Mocaf", "Stade Centrafricain" et les autres équipes meublaient généralement l'essentiel des conversations du lundi. Cet intérêt pour le sport et plus spécialement pour le football nous apparaît comme un des éléments importants de la culture populaire africaine.

Ces mêmes lecteurs lisent parfois aussi les publications centrafricaines telles que *Bangui-Match*, *Ta Tènè*, *Sukula* dans lesquelles sont racontés les principaux faits et gestes du chef de l'état.

Certains journaux des pays limitrophes sont aussi lus à Bangui; les plus souvent cités sont la *Semaine Africaine* (Congo-Brazzaville) et le *Canard Déchaîné* (Tchad). Les journaux français tels que l'*Express* ou *Paris-Match* sont rarement cités sans doute à cause de leur prix de vente trop élevé en Centrafrique.

Les illustrés figurent parmi les lectures favorites des lycéens. Les noms les plus souvent cités sont : *Akim* (128 fois), *Zembla* (115 fois), *Tex Tone* (110 fois), *Tarzan*, *Zorro*, *Rodéo*, *Rator*, *Jim Canada*, etc. Derrière la variété de ces noms se cache une uniformité dans le contenu. Nous avons feuilleté les trois illustrés les plus lus et nous avons trouvé dans tous un culte de la violence et de l'homme fort.

Zembla, le héros qui donne son nom à la revue est un émule de Tarzan qui a en son pouvoir les animaux de la jungle africaine (même un kangourou!). Grâce à ce pouvoir et à sa force personnelle il règne sur les tribus du voisinage avec lesquelles il vit d'ailleurs en paix. Lorsqu'un élément perturbateur intervient, il s'érige en justicier grâce à son pouvoir invincible.

Akim est un héros du même acabit mais il semble qu'il sévisse plutôt au Moyen-Orient bien qu'il soit surnommé "le roi de la jungle". Il reçoit l'aide d'un gorille apprivoisé et réussit grâce à sa force à soumettre les populations autochtones rebelles.

Ces illustrés font donc appel à une géographie fantaisiste; les héros vivent dans une jungle mythique peuplée d'animaux sauvages, au milieu d'africains quasiment nus, aux bijoux voyants, parfaits archétypes du sauvage tel qu'on l'imaginait d'Europe à l'époque des guerres coloniales. L'homme blanc domine ces sauvages sans armes grâce à son pouvoir sur les animaux et à ses propres forces. Au delà du culte de l'homme viril, toujours vainqueur, on voit quelle idéologie raciste est véhiculée par ces illustrés.

Le troisième, Tex-Tone, lui, fait appel à la mythologie du Far West : les actions du cow-boy justicier, les attaques de diligence, la recherche du bandit sanguinaire forment la trame des intrigues de cette publication non exempte non plus de racisme (guerre contre les Indiens).

Le mythe du héros invincible se retrouve dans tous ces illustrés. Les scènes de violence y sont présentes. Le dessin les exprime probablement avec moins de force que l'image cinématographique, cependant les lecteurs de ces illustrés sont les mêmes qui vont voir au cinéma du quartier les westerns ou les films d'Orient où ces scènes sont extrêmement courantes.

Ce culte de l'homme fort se double d'un sentimentalisme qui fait que les lecteurs des illustrés sont aussi de grands amateurs de romans photos. Certes les femmes sont les plus nombreuses à aimer ce genre, mais on trouve aussi des hommes qui lisent ces romans.

Le journal favori des femmes lettrées du quartier est *Amina*. Cette publication mensuelle féminine comprend outre un roman-photo, des articles sur la mode, des conseils de beauté, de cuisine, bref toute la gamme des préoccupations dites féminines. Malgré tout, un effort est fait pour aborder des problèmes d'actualité. Ainsi l'insertion de la femme dans la vie active est un thème très souvent traité à travers le portrait de telle ou telle femme qui a "réussi". Bien sûr les colonnes sont surtout ouvertes à celles qui occupent un emploi de bureau ou un poste important dans une institution et il est rare d'y trouver un portrait de femme exerçant un métier manuel (ou alors coiffeuse ou manucure). Des rubriques concernant l'éducation des enfants présentent l'opinion d'institutrices ou d'éducatrices. Les débats ouverts dans ce journal (du moins dans les numéros que nous avons feuilletés) concernaient presque tous le mariage, la vie sentimentale, les rapports avec les hommes. Résolument hostiles à la polygamie, les femmes interrogées semblent aspirer à l'instauration de couples à l'occidentale.

Ce journal peut donc donner au premier abord une image de la femme africaine moderne ayant un certain pouvoir économique puisqu'elle exerce une profession salariée et est décidée à instaurer une certaine égalité dans ses rapports avec les hommes.

Cette image nous paraît contredite par l'idéologie véhiculée par les romans-photos présents dans chaque numéro de la revue. Nous avons étudié ceux qui figuraient dans cinq numéros du journal (n° 48 à 52).

Le point de départ de l'intrigue est presque toujours le mariage (4 fois sur 5), le thème le plus fréquent est la traitrise de l'ami ou de l'amie qui essaie de séduire la personne aimée par le héros (3 cas sur 5). L'intervention du destin empêche le méchant de triompher (accident de voiture, emprisonnement).

Ces romans-photos se déroulent le plus souvent dans un cadre occidental (salon au décor moderne, hôtel luxueux, automobiles, apéritifs européens). Les femmes portent des toilettes élégantes de type occidental à l'extérieur, mais sont le plus souvent en pagne dans leur foyer.

L'intrigue de ces romans fait souvent appel au surnaturel (philtre d'amour pour garder l'homme aimé, attachement d'un jeune homme à une Mamiwata (Génie des eaux), par exemple). Ils abordent malgré tout des thèmes assez réalistes qui sont familiers aux lecteurs : la recherche de l'argent est le plus fréquent. Le manque d'argent conduit souvent au détournement de fonds et par là même à la prison. Un des cinq romans pose le problème de la dot et des dépenses effectuées lors du mariage qui laissent le jeune ménage sans ressources. Le mangue d'argent peut conduire au vol ou à des pratiques surnaturelles pour en obtenir (alliance avec une Mamiwata). Cependant c'est souvent parce que la femme est très dépensière que l'homme court après l'argent.

Ceci nous amène à nous livrer à une analyse de l'image de la femme présente dans ces romans-photos. Nous l'avons dit, c'est une personne qui aime l'argent. Elle n'a pas d'indépendance économique. La seule héroïne qui a un salaire est obligée de se livrer à la prostitution pour arrondir ses fins de mois. Sa place est à la cuisine (cette remarque est souvent faite lorsqu'il s'agit de laisser deux hommes discuter au salon).

Autrement dit, l'image de la femme telle qu'elle est présentée dans ces romans-photos est en contradiction avec celle que veut donner explicitement la revue *Amina*.

La contradiction entre le contenu explicite et le contenu implicite est très frappante dans *Bingo* et *Amina*. En voyant les titres des articles qui sont publiés dans ces journaux et en les comparant avec la publicité qu'on y trouve, il nous semble qu'ils s'adressent à deux publics différents.

Ces deux journaux donnent l'impression de s'adresser à des lecteurs responsables, adoptant certains modèles européens tout en manifestant une certaine fierté d'être africains.

A ces gens, la publicité vante les automobiles françaises ou japonaises, les apéritifs américains, les produits de beauté parisiens (souvent conçus pour les Noirs). On leur offre aussi des moyens d'améliorer leur situation grâce aux cours par correspondance, ce qui n'a rien de répréhensible en soi. Malheureusement nous trouvons aussi dans ces magazines des publicités pour des plantes à vertus magiques, pour des talismans, des adresses de guérisseurs, des réclames pour obtenir la réussite de manière plus ou moins occulte. La présence de ces placards publicitaires montre bien la mentalité du public qui lit ces journaux. Si les annonceurs mettent ces messages dans ces revues, c'est parce qu'ils y trouvent les clients, tout comme ceux qui vantent les produits pour développer les muscles dans *Akim* ou *Tarzan*.

La présence de ces publicités dans ces magazines montre que ceux-ci s'adressent à un public très sensible au surnaturel, à la magie, aux pouvoirs occultes. Ce contenu implicite de la publication est en totale contradiction avec son contenu explicite.

Pour nous cela revèle un aspect de la vie culturelle du quartier que le questionnaire n'a pas pu mettre en lumière : la croyance à l'irrationnel. Nous n'insistons pas sur cet aspect de la culture populaire puisqu'il n'entre pas directement dans le cadre de notre étude, mais nous pensons qu'il est un des éléments de la nouvelle culture citadine que nous allons essayer de définir.

Quelques traits de la culture citadine

Nous avons vu dans un chapitre précédent, que pour la quasi totalité des personnes interrogées, le problème d'un *choix intellectuel* entre la tradition et le modernisme ne se posait pas. Propulsés dans la vie moderne, ils ont glané de part et d'autre des éléments qui leur permettent d'essayer de comprendre les mutations du monde contemporain et d'y trouver leur place. Pour certains (les plus âgés), le poids de la tradition est encore fort. D'autres (les jeunes) subissent davantage l'attrait du monde moderne. Cependant, nous pouvons nous demander s'il faut définir leur conduite uniquement par un double déracinement, c'est-à-dire de manière totalement négative.

Toutefois, actuellement, la culture citadine nous paraît garder de la vie traditionnelle un certain nombre de traits qui ont été détournés de leur signification profonde.

Ainsi, les fêtes, qui dans la vie traditionnelle se caractérisaient aussi par la musique et la danse, n'apparaissaient qu'en certaines circonstances. La présence permanente de musique et de boissons alcoolisées dans les bars des quartiers en font quelque chose de quotidien où le déraciné peut chercher l'oubli de son désarroi moyennant finance. Faute d'être le moyen de prendre conscience de son identité à travers un groupe, la fête au quartier devient un essai pour l'oublier.

Parallèlement, la difficulté de trouver l'isolement nécessaire incite peu les jeunes à pratiquer la lecture. C'est pourquoi on considère celle-ci comme un investissement en vue de trouver une meilleure situation plutôt que comme un loisir. Ce manque n'est pas compensé par une connaissance de la tradition orale et provoque un vide culturel qui, avec le culte de la force et le goût de la violence, renforce l'attrait pour les films et les illustrés où l'on présente des héros invincibles. Le soutien accordé à certaines équipes de football nous paraît participer du même phénomène.

Enfin, nous ne devons pas oublier que des conditions matérielles souvent difficiles conduisent ces gens à une recherche perpétuelle de l'argent, recherche motivée, entre autres, par l'introduction dans cette société de sous-produits de l'occident et par l'accession des villes africaines à un monde où tout est commercialisé. Le désarroi lui-même est exploité par un commerce du surnaturel qui, coupé de ses racines, ne contribue pas à donner à l'individu sa place dans la société et n'est qu'un expédient parmi d'autres pour essayer de rassurer ces déracinés.

4. LE BANGUISSOIS DE DEMAIN

Nous voudrions dans ce chapitre montrer comment nous voyons l'évolution qui semble s'amorcer dans le domaine socio-culturel. Cette évolution, nous l'avons constatée à maintes reprises en signalant le comportement des moins de 25 ans, différant dans beaucoup de domaines de celui des autres classes d'âge.

Dans la société traditionnelle, l'appartenance à un groupe ethnique et à un clan était prédominante. Nous voudrions savoir si ce sentiment est resté prépondérant.

4.1. RÔLE DE L'ORIGINE ETHNIQUE

Nous avons vu dans le premier chapitre la répartition de notre effectif par ethnies. Nous donnerons de ce mot la définition qu'en donne le dictionnaire Larousse :

> "Groupement de familles dans une aire géographique variable dont l'unité repose sur une structure familiale, économique et sociale commune et sur une culture commune".

On pourrait ajouter que dans la plupart des cas chaque ethnie possède une langue qui lui est propre. Nous avons classé les parlers de ces ethnies dans des familles linguistiques en suivant la classification de J.M.C. THOMAS citée plus haut (chap. 1.1).

Nous avons cherché à savoir si les personnes interrogées avaient le sentiment d'appartenir au même groupe linguistique que ceux qui étaient classés avec eux.

Dans ce but, le questionnaire prévoyait trois questions :

- *Citez les langues de vos voisins.*
- *Lesquelles considérez-vous comme parentes de votre langue ?*
- *Lesquelles comprenez-vous ?*

La première partie de ce chapitre sera donc consacrée au problème de l'appartenance à un groupe linguistique. Mais auparavant, il nous paraît nécessaire de faire une mise au point au sujet de la variable ethnie.

Mise au point

A priori, le critère de définition semble être l'appartenance au groupe indiqué. Cela est exact et nous avons annoncé plus haut (chap. 1.1.) la composition de notre effectif en fonction de cette variable. Mais les groupes ainsi constitués ne sont pas tous homogènes, certains comprennent plus de femmes que d'hommes, plus de jeunes que de personnes âgées. On a vu l'importance de ces différentes variables dans les analyses qui ont été faites dans les chapitres précédents. Il nous paraît nécessaire de présenter les groupes ethniques en tenant compte de l'âge des individus qui les composent, l'âge s'étant avéré un critère très sélectif. Pour ce faire, nous indiquons dans le Tableau 60 la répartition des personnes par classes d'âge dans chaque groupe linguistique. Ces données sont présentées en pourcentage de façon à faciliter les comparaisons. Toujours dans ce but, nous avons fait figurer au bas du tableau, un rappel de la composition de l'effectif total (en pourcentages) tel qu'il figure dans le Tableau 1.

TABLEAU 60 - Groupes linguistiques
Répartition par groupe d'âge

NOM DU GROUPE LINGUISTIQUE	*G R O U P E S D ' A G E*				
	15-25 ans	*26-35 ans*	*36-45 ans*	*46-55 ans*	*+ 55 ans*
Gbaya-Manza	39,23	15,97	**15,97**	15,27	**13,54**
Banda	38,46	**17,94**	12,82	15,38	**15,38**
Yakoma-Sango	**48,64**	13,51	10,81	13,51	**13,51**
Zandé-Nzakara	**48,14**	7,40	11,11	**18,51**	**14,81**
Ngbaka	29,78	**21,27**	12,76	**25,53**	10,63
Ensemble de l'effectif	39,60	16,60	13,80	16,80	13,20

Les pourcentages sont calculés en fonction du nombre de personnes dans chaque groupe linguistique.

L'examen de ce tableau nous montre que le groupe Ngbaka a une répartition de son effectif suivant les classes d'âge assez différente de celle des autres groupes. Il compte moins d'individus jeunes et moins de personnes de plus de 55 ans. Celles qui ont un âge moyen sont donc plus fortement représentées. Les groupes Yakoma et Zandé ont un pourcentage de moins de 25 ans supérieur à la moyenne. Par ailleurs une répartition des effectifs à l'intérieur du groupe Gbaya-Manza, nous a montré que les Gbayas étaient un peu plus représentés par les jeunes (47,36 % de personnes de moins de 25 ans, moyenne du groupe : 39,23 %). Les individus de plus de 55 ans étaient par contre moins nombreux (6,57 % contre 13,54 % pour l'ensemble). Le phénomène est inverse chez les Ngbaka-Manzas qui comptent 20,06 % de personnes âgées.

Ces considérations avaient pour but de permettre de relativiser certains résultats afin de ne pas attribuer à la variable ethnie ce qui serait dû à d'autres causes.

Cette mise au point faite, nous allons maintenant tenter de savoir si l'individu a conscience d'appartenir à un groupe linguistique.

Appartenance à un groupe linguistique

Nous entendons par groupe linguistique ou famille linguistique le regroupement fait par les linguistes de plusieurs langues qui montrent un certain nombre de similitudes. Nous voudrions savoir si les locuteurs ont conscience de cette parenté.

La première question posée leur demandait de citer les langues des voisins. Ils se sont montrés généralement très savants en ce qui concerne les ethnies voisines de leur origine géographique. Mais ils savent aussi faire la différence entre les langues des voisins parentes de la leur et celles qui n'appartiennent pas au même groupe linguistique. Par exemple, un Manza citera le gbaya et le banda comme langues des voisins, mais considérera seulement le gbaya comme appartenant à la même famille linguistique que le manza.

Ces langues sont généralement comprises, mais rarement parlées sauf si la personne interrogée a une mère ou une épouse appartenant à cette ethnie. Il faut remarquer que le questionnaire prévoit que l'enquêteur posera une première fois la question "*Quelle(s) langue(s) comprenez-vous ?* au début de l'entretien. A ce moment-là, ces langues sont très rarement citées. Ceci semble prouver que la compréhension n'est pas facile ou que l'on a rarement l'occasion de les entendre. Voyons maintenant, classées selon l'ethnie de la personne interrogée les langues les plus souvent comprises :

Le chiffre entre parenthèses désigne le nombre de personnes comprenant cette langue dans l'ethnie indiquée.

Groupe GBAYA-MANZA

Gbaya manza (45), ngbaka-manza (29), ali (13), gbanu (5)

Ngbaka-manza manza (65), gbaya (25), gbanu (22), ali (16)

Manza ngbaka-manza (47), gbaya (21), ali (12), gbanu (6), gbagiri (1)

Ali ngbaka-manza (13), manza (5), gbaya (3), gbanu (3)

Gbanu gbagiri (8), manza (7), ngbaka-manza (4), gbaya (3), ali (2)

Gbagiri gbanu (12), ngbaka-manza (5), ali (2)

A l'intérieur de ce groupe, les langues citées sont toutes effectivement parentes. La langue gbagiri que nous n'avons trouvée dans aucune classification semble plutôt proche du gbanu. Les membres de cette ethnie semblent originaires de la région de Carnot-Yaloké et citent comme voisins les Gbanus et les Gbayas.

Groupe BANDA

Banda mbi (21), dakpa (17), langbasi (2), togbé (1)

Langbasi banda (2)

Dakpa banda (3), mbi (1)

Ngbundu banda (2), langbasi (2)

A l'intérieur du groupe Banda, les langues paraissent moins connues. L'effectif étant moins nombreux que le précédent, il est difficile de porter un jugement définitif à ce sujet.

Groupe YAKOMA-SANGO

Yakoma ngbandi (6) (il s'agit là du sango tel qu'il est parlé par le peuple riverain de l'Oubangui et non du sango véhiculaire répandu dans la capitale).

Sango yakoma (2)

Groupe ZANDE-NZAKARA

Zandé nzakara (7)

Nzakara zandé (2)

Ces deux groupes (Yakoma-Sango et Zandé-Nzakara) paraissent manifester une compréhension inter-ethnique beaucoup moins importante que les précédents. Il faut rappeler qu'ils sont composés d'un nombre assez élevé de moins de 25 ans nés à Bangui.

Groupe NGBAKA

Ngbaka gbandili (2)

Le mbati qui n'appartient pas à ce groupe est très souvent cité par les membres de l'ethnie ngbaka comme langue des voisins. Elle est souvent comprise par eux, probablement à cause des relations de voisinage. Beaucoup la considèrent comme parente de leur langue alors qu'elle est indubitablement une langue bantoue. Il existe cependant entre elles (pour des raisons historiques) de nombreuses interférences qui peuvent donner l'impression d'une certaine parenté.

Gbandili ngbaka (7)

Cette longue liste nous montre que les locuteurs d'une langue sont conscients de la parenté de celle-ci avec un autre parler. Cependant, ils n'entretiennent pas des relations d'amitié préférentielle à l'intérieur d'une même famille linguistique. Ces relations se limitent le plus souvent à l'ethnie.

Nous avons remarqué que les éléments de certains groupes avaient une connaissance moins importante que les autres de la langue des voisins. Nous avons attribué ce fait au nombre important de moins de 25 ans appartenant à ce groupe. Nous allons vérifier cette hypothèse en considérant le nombre de langues comprises selon l'âge et l'origine des personnes qui disent les comprendre.

Rares sont les personnes qui sont capables de comprendre trois ou plus de trois langues en plus de leur idiome maternel. Ces individus sont généralement d'âge avancé (au minimum 35 ans) et sont nés dans une ville de province.

Trois cas sont beaucoup plus fréquents :

- Ceux qui comprennent la langue de leur ethnie plus deux langues voisines.
- Ceux qui ont connaissance de leur propre parler et d'un autre de la même famille.
- Ceux qui ne comprennent que la langue de leur ethnie sans parfois savoir la parler.

La première catégorie a pu surtout être mise en évidence dans le groupe linguistique Gbaya-Manza et plus rarement dans le groupe Banda. Il faut dire que ces deux groupes étaient les plus fortement représentés, les autres familles ne comprenant pas assez d'éléments pour que nous puissions établir une comparaison significative. Nous nous contenterons donc de traiter le problème à l'intérieur du groupe Gbaya-Manza.

Cas 1 - Personnes connaissant la langue vernaculaire plus deux langues de la même famille = 137 personnes dont la répartition ethnique est la suivante :

Gbaya	36
Ngbaka-Manza	45
Manza	34
Ali	8
Gbanu	6
Gbagiri	8

Nous constatons que l'origine de ces personnes joue un rôle important dans la connaissance des langues des ethnies voisines : 10 d'entre elles sont nées à Bangui, 87 dans une préfecture, 40 dans un village. On voit donc que c'est en province que la compréhension des autres langues se fait le plus aisément, principalement dans les petites villes. Nous pouvons en effet penser que ces préfectures sont des endroits de rencontres très favorables à l'échange linguistique. Certes, ces langues sont parentes, mais il est à peu près certain que l'habitude d'entendre parler ces idiomes en facilite la compréhension.

Les personnes appartenant à cette catégorie ont pour la plupart (102 sur 137 soit 74,45 %) plus de 35 ans. La catégorie des plus de 45 ans est très représentée et plus particulièrement par les hommes. Sur 137 personnes, 118 sont de sexe féminin (86,13 %). L'habitude de fréquenter les ethnies voisines a donc dû développer leur faculté de compréhension des langues. Les hommes étant plus mobiles que les femmes, ils ont plus facilement des contacts avec les autres groupes ethniques. Nous avons déjà signalé ce fait en constatant que les représentants du sexe masculin étaient plus souvent trilingues ou quadrilingues que les femmes.

Cas 2 - Les personnes qui comprennent leur langue plus celle d'un autre groupe. Cette catégorie regroupe, dans la famille linguistique Gbaya-Manza, 72 individus qui se répartissent de la manière suivante :

Gbaya	17
Ngbaka-Manza	30
Manza	13
Ali	3
Gbanu	6
Gbagiri	3

56 de ces personnes ont plus de 25 ans (77,77 %). Elles sont nées

dans leur grande majorité dans des villes de province (65 d'entre elles soit 90,27 %).

Nous pouvons faire la même remarque que précédemment, à savoir que même si la langue comprise est voisine de la leur, cette compréhension est facilitée par un séjour dans un endroit où les contacts inter-ethniques sont nombreux. Les villes de province nous paraissent particulièrement capables de jouer ce rôle. En effet, à Bangui, le sango (parlé désormais par la quasi totalité des banguissois) est devenu la langue véhiculaire qui, chez les jeunes citadins, facilite les rapports inter-ethniques. C'est ce qui semble ressortir de l'étude du troisième cas.

Cas 3 - Ceux qui ne comprennent que le parler de leur ethnie. Dans cette catégorie, nous avons classé ceux qui comprennent et parlent la langue de leur groupe et ceux qui la comprennent uniquement. Nous avons totalisé 75 personnes qui se répartissent ainsi :

TABLEAU 61 - Connaissance de la langue vernaculaire dans le groupe Gbaya-Manza

NOM DE L'ETHNIE	*LV + comprise + parlée*	*LV + comprise - parlée*	*LV - parlée %*
Gbaya	5	17	22,36
Manza	0	13	21,66
Ngbaka-Manza	2	15	16,30
Ali	3	4	20
Gbanu	6	5	20,83
Gbagiri	1	3	20
Bofi	0	1	100

Le pourcentage est calculé en fonction du nombre de personnes appartenant à l'ethnie.

Le total des individus composant ces trois groupes est 284 car nous n'avons pas compté 4 personnes qui comprennent plus de trois langues (2 Ali, 1 Gbaya, 1 Gbanu).

D'après ce que nous avons dit de la répartition selon l'âge et l'origine dans les deux groupes précédents, il est facile de déduire que cette dernière catégorie est surtout composée de jeunes, pour la plupart originaires de Bangui. En effet, 70 personnes ont moins de 25 ans et la majorité d'entre elles sont nées dans la capitale. Elles ont presque toutes le sango pour langue maternelle, ce qui explique qu'elles ont une connaissance assez réduite de la langue vernaculaire. Il faut remarquer que la pluaprt de ceux qui connaissent bien la langue de leur ethnie sont capables de comprendre les parlers du même groupe linguistique. En effet, le nombre d'individus pouvant parler la langue vernaculaire mais ne comprenant que cette dernière est assez réduit (17 personnes). Les autres ne parlent pas cette langue mais la comprennent seulement.

Ces remarques amènent à penser que chez les jeunes et dans la capitale, la fonction de langue véhiculaire du sango et la mauvaise connaissance du parler de l'ethnie entraînent une ignorance des dialectes des autres groupes, même si ces idiomes appartiennent à la même famille linguistique.

Le Tableau 61 nous permet aussi de remarquer que le pourcentage des personnes ne parlant pas la langue vernaculaire est voisin dans chaque ethnie. Seul le groupe Ngbaka-Manza a un pourcentage plus faible mais nous avons fait remarquer dans notre mise au point que ce groupe était composé d'un nombre plus réduit de personnes de moins de 25 ans.

Il est probable que le fait d'être originaire d'une région proche de Bangui — comme le sont les Ngbaka-manzas et les Ngbakas — facilite les échanges avec le milieu d'origine.

Le pourcentage dans chaque groupe ethnique est d'ailleurs voisin de la moyenne générale. En effet, 105 individus sur 500 avaient déclaré ne pas parler la langue de leur ethnie soit 21 %. Dans la famille linguistique Gbaya-Manza, le total est de 58 soit 20,13 % de l'ensemble de ce groupe. Ceci permet de supposer qu'il existe un certain nivellement entre les ethnies dans ce qu'il faut bien appeler l'acculturation.

Nous employons ce terme sans aucune nuance péjorative. Il implique simplement des modifications du comportement dues à l'apport d'éléments d'une culture étrangère.

Nous allons essayer de définir cette hypothèse dans le chapitre suivant.

L'acculturation : phénomène qui touche toutes les ethnies

Nous allons examiner ce problème sous deux angles : d'un point de vue linguistique et d'un point de vue socio-culturel.

a) ASPECT LINGUISTIQUE

En ce qui concerne l'aspect linguistique, nous pensons l'aborder en étudiant les langues maternelles des membres des différents groupes ethniques. La langue maternelle nous paraît être le reflet de l'entourage linguistique immédiat de l'enfant. Ensuite, nous pensons étudier les langues parlées avec le père et avec le frère de façon à faire un rapide bilan de l'évolution de la situation linguistique dans les familles.

Le Tableau 62 nous montre qu'il n'existe pas de grandes différences entre les groupes linguistiques en ce qui concerne les langues premières des membres de ces groupes.

TABLEAU 62 - Langue première
Répartition par groupes linguistiques

LANGUES PREMIERES		*Gbaya-Manza*	*Banda*	*Yakoma-Sango*	*Zandé-Nzakara*	*Ngbaka*
Sango	N	148	41	21	15	20
	%	51,38	52,56	56,75	55,55	42,55
Langue vernaculaire	N	139	35	16	12	27
	%	48,26	44,87	43,24	44,44	57,44

Nous n'arrivons pas au total de 500 car il n'a pas été tenu compte dans ce tableau de 23 personnes classées dans la catégorie "ethnies diverses". D'autre part nous rappelons que cinq personnes (dont une du groupe Gbaya et deux du groupe Banda) ont déclaré avoir appris le sango et la langue vernaculaire simultanément. Elles ne figurent pas dans ce tableau. Les pourcentages ont été calculés en fonction du nombre de personnes dans chaque groupe linguistique.

Les pourcentages un peu plus élevés de personnes ayant pour langue maternelle le sango chez les Yakoma et les Zandé tiennent à la proportion de jeunes dans ces deux groupes. Leurs effectifs sont composés par 48 % de moins de 25 ans alors que dans les autres groupes, ce pourcentage est inférieur à 40 %. Quant aux Ngbaka, le nombre moins élevé de personnes ayant le sango pour langue première s'explique par une répartition différente dans les classes d'âge. Nous savons que ce sont les moins de 25 ans qui ont appris le sango comme langue première; or le groupe ngbaka comprend peu d'individus de cet âge.

A l'intérieur du groupe Gbaya-Manza, les trois ethnies les plus représentées obtiennent les résultats suivants en ce qui concerne le sango comme langue première :

Gbaya	53,94 %
Manza	51,66 %
Ngbaka-Manza	51,08 %

Nous pouvons donc dire que l'apprentissage du sango comme langue première par les enfants est un phénomène qui touche toutes les ethnies de manière à peu près égale et qu'aucun groupe n'échappe à cette règle.

Nous avons vu précédemment qu'à l'intérieur du groupe Gbaya-Manza, le pourcentage d'abandons de la langue vernaculaire était à peu près le même pour tous les membres du groupe. Nous avons constaté que le phénomène est général, cependant la diversité numérique et la composition différente des autres effectifs rendent difficiles les comparaisons. Nous pensons néanmoins que du point de vue de l'apprentissage du langage, le recul des langues vernaculaires est net et que ce phénomène touche toutes les ethnies. Nous constatons en effet :

- que le sango a tendance à devenir la langue maternelle des jeunes;
- que la langue vernaculaire n'est plus parlée par environ 20 % du groupe ethnique comme le montre la moyenne générale établie par la totalité des personnes interrogées, résultat que corrobore l'étude faite sur le groupe Gbaya-Manza. Nous allons maintenant suivre cette évolution à l'intérieur des familles en étudiant les langues parlées avec le père et avec le frère (Tableaux 63 et 64).

TABLEAU 63 - Langues parlées avec le père
Répartition selon les groupes linguistiques

GROUPES LINGUISTIQUES	*LV*		*S + LV*		*S*		*S + F*	
	N	*%*	*N*	*%*	*N*	*%*	*N*	*%*
Gbaya-Manza	130	45,13	84	29,16	55	19,09	10	3,47
Banda	35	44,87	22	28,20	15	19,23	5	6,41
Yakoma-Sango	15	40,35	12	32,43	8	21,62	2	5,40
Zandé-Nzakara	11	40,74	8	29,62	6	22,22	2	7,40
Ngbaka	22	46,80	16	34,04	8	17,02	-	-

Dans ces deux tableaux, les pourcentages sont calculés en fonction du nombre de personnes appartenant au groupe linguistique indiqué. Le chiffre total n'atteint pas 500 puisque ne sont pas pris en considération ni les membres du groupe "ethnies diverses" ni les trilingues.

Si nous tenons compte des réserves faites plus haut quant à la composition de ces groupes linguistiques, nous voyons, en comparant ce tableau et le suivant que l'évolution s'est faite de manière à peu près semblable et se caractérise ainsi :

- usage de moins en moins répandu de la langue vernaculaire seule lorsqu'on s'adresse au frère;
- cette diminution se double d'un emploi plus fréquent du sango lorsqu'on parle à une personne de la même génération;
- introduction du français (jusqu'ici très peu répandu dans les conversations avec le père) en concurrence avec le sango.

TABLEAU 64 - Langues parlées avec le frère
Répartition selon les groupes linguistiques

GROUPES LINGUISTIQUES	*L.V.*		*S + LV*		*S*		*S + F*	
	Nbre	*%*	*Nbre*	*%*	*Nbre*	*%*	*Nbre*	*%*
Gbaya-Manza	31	10,76	94	32,63	90	31,25	70	24,30
Banda	5	6,41	30	38,46	24	30,76	18	23,07
Yakoma-Sango	5	13,41	6	16,21	15	40,54	10	27,02
Nzakara-Zandé	2	7,40	9	33,33	8	29,62	8	29,62
Ngbaka	7	14,89	17	36,17	14	29,78	9	19,14

Ces traits sont ceux que nous avons mis en évidence dans le chapitre consacré à l'utilisation des langues en famille. Nous constatons simplement que toutes les ethnies sont touchées de la même manière et qu'aucune d'entre elles ne semble offrir une résistance plus grande que les autres à cette évolution. La vie citadine a modifié les usages linguistiques de tous les habitants et ceci de quelque endroit qu'ils viennent.

b) *ASPECT CULTUREL*

Pour élaborer les Tableaux 65 et 66, nous nous sommes référée à la méthodologie exposée dans le chapitre 3.2. Mais afin d'arriver à un niveau de généralisation suffisamment significatif nous avons préféré plutôt que de maintenir la graduation de zéro à six, qualifier les divers niveaux de haut, de moyen et de bas.

Le terme haut est employé pour ceux qui ont obtenu un score de 5 ou de 6, moyen signifie un total de 4 ou de 3, bas regroupe ceux dont les notes varient entre 0 et 2.

Nous obtenons les tableaux suivants :

Tableau 65 - Scores obtenus aux moyens de communication audio-visuels
Répartition par groupes linguistiques (pourcentages)

SCORES OBTENUS	*GROUPES LINGUISTIQUES*				
	Gbaya-Manza	*Banda*	*Yakoma-Sango*	*Zandé-Nzakara*	*Ngbaka*
Haut	15,97	15,38	21,62	25,92	23,40
Moyen	20,83	17,94	16,21	14,81	19,14
Bas	63,19	66,66	62,16	59,25	57,44

TABLEAU 66 - Scores obtenus aux moyens de communication oraux traditionnels
Répartition par groupes linguistiques (pourcentages)

SCORES OBTENUS	*GROUPES LINGUISTIQUES*				
	Gbaya-Manza	*Banda*	*Yakoma-Sango*	*Zandé-Nzakara*	*Ngbaka*
Haut	20,48	14,10	5,40	11,11	14,89
Moyen	27,77	28,20	27,02	22,22	31,91
Bas	55,20	58,97	67,56	66,66	53,19

Nous voyons que dans les deux séries les scores bas sont majoritaires et cela quel que soit le groupe linguistique. D'ailleurs la répartition des effectifs selon le total obtenu est sensiblement la même selon les groupes si l'on excepte les Yakoma et les Zandé dont les effectifs comprennent un plus grands nombre de jeunes. Ceci explique que les forts scores obtenus aux moyens de communication audio-visuels soient plus nombreux et que parallèlement peu de gens obtiennent de bons résultats aux questions sur les moyens oraux traditionnels.

On ne distingue donc pas de groupes linguistiques plus conservateurs ou plus modernistes que les autres. L'acculturation est un phénomène qui les touche de manière semblable.

A l'intérieur d'un même groupe linguistique, les résultats sont voisins comme en témoigne le Tableau 67 qui étudie les scores obtenus par les trois ethnies les plus représentées à l'intérieur du groupe Gbaya-Manza.

Tableau 67 - Scores obtenus aux moyens de communication audio-visuels et oraux traditionnels par trois ethnies du groupe Gbaya-Manza

GROUPES ETHNIQUES	*AUDIO-VISUELS*			*ORAUX TRADITIONNELS*		
	Haut	*Moyen*	*Bas*	*Haut*	*Moyen*	*Bas*
Gbaya	18,42	22,36	59,21	27,63	22,36	50
Manza	21,66	23,33	55	26,66	25	48,33
Ngbaka-Manza	16,30	16,30	67,39	28,26	28,82	48,91

Ce tableau nous permet de constater qu'à l'intérieur d'un même groupe linguistique les écarts ne sont pas non plus très importants si l'on tient compte des différences dans la répartition selon les groupes d'âge signalée plus haut.

Tant au niveau culturel qu'au niveau linguistique, les ethnies sont touchées par l'acculturation. Celle-ci se manifeste par un abandon ou un apprentissage tardif de la langue vernaculaire et par l'introduction du sango et du français dans les conversations familiales. Nous constatons aussi une moins grande fidélité à la tradition puisque près de 60 % des individus ont des scores égaux ou inférieurs à 2 aux questions la concernant.

Par ailleurs ceux qui ont la possibilité de se tourner vers la culture occidentale sont en nombre réduit (environ 20 % ont des totaux égaux ou supérieurs à 5 au questionnaire concernant les moyens modernes de communication.

Il faut donc admettre que quelle que soit l'ethnie à laquelle appartient l'individu, celui-ci se trouve pris entre deux mondes culturels auxquels il participe peu. C'est ce problème que nous analyserons dans le dernier chapitre (4.2.) mais auparavant, il nous paraît nécessaire de poser la question suivante : le sentiment ethnique existe-t-il toujours ?

Le sentiment ethnique existe-t-il toujours ?

L'importante proportion d'individus ayant une très mauvaise connaissance de la tradition (près de 60 %) nous a amené à nous poser le problème suivant : la dernière étape dans l'acculturation est-elle franchie, c'est-à-dire l'individu a-t-il encore conscience d'appartenir à une ethnie ?

Pour résoudre ce problème, nous avons tenu compte des réponses à trois questions :

- celle où l'on demandait à l'interviewé de mentionner son ethnie;
- l'interrogation concernant les langues parlées avec les amis du quartier;
- la question où l'on demandait à la personne interrogée l'endroit où elle estimait que sa langue était la mieux parlée.

La réponse à la première interrogation n'a pas fait de difficultés. Bien qu'il soit interdit de mentionner l'ethnie d'origine dans les actes officiels, toutes les personnes interrogées l'ont fait spontanément mis à part une dizaine d'individus qui ont d'abord déclaré être centrafricains. Une fois la question précisée, ils se sont montrés capables de donner le nom de leur groupe ethnique. Nous pouvons donc penser que la conscience d'appartenir à une ethnie est présente chez tous même chez les plus jeunes.

Quant aux langues parlées avec les amis du quartier, elles peuvent difficilement nous renseigner sur le choix des relations à l'intérieur ou à l'extérieur de l'ethnie puisque nous ne connaissons pas celle de l'interlocuteur. Néanmoins nous constatons que parmi les plus jeunes, 132 soit 66,66 % n'utilisent jamais la langue vernaculaire dans leurs conversations avec leurs amis du quartier. L'ethnie de l'interlocuteur n'étant pas mentionné, il est difficile de tirer une conclusion à ce sujet. Ce dont nous sommes sûrs, c'est qu'au moins un tiers de leurs amis appartient à la même ethnie qu'eux. Dans les autres groupes d'âge, le nombre de personnes employant la langue vernaculaire est beaucoup plus élevé (80 % au moins). Il semble donc que, dans l'ensemble, le sentiment d'appartenance ethnique favorise les relations d'amitié. Pour ceux qui ont moins de 25 ans, ou bien ils choisissent leurs amis dans d'autres groupes, ou bien ils n'éprouvent pas le besoin de parler la langue vernaculaire avec eux (il ne faut pas oublier qu'un grand nombre ne la parle pas).

Cependant, les réponses à la troisième question nous permettent de penser que si les jeunes gardent un sentiment global d'appartenance à un groupe ethnique, ils n'ont plus comme les plus vieux la notion d'origine clanique commune. En effet, nous constatons que lorsque nous posons la question *Où votre langue est-elle le mieux parlée ?* à des personnes de plus de 35 ans, toutes répondent en citant le nom d'un village ou disant "au village natal" même si par ailleurs elles sont nées dans une préfecture ou dans un endroit éloigné de ce village. Ce lieu désigne la communauté d'origine à laquelle on se réfère sans cesse. Il est devenu pour certains un lieu mythique surtout s'ils n'y ont pas beaucoup vécu, mais c'est le lieu de référence toujours présent. Par contre, chez les plus jeunes, essentiellement les moins de 25 ans nés à Bangui, la référence se fait par rapport aux habitants d'un autre quartier (Km5 par exemple) ou d'une ville où les membres de ce groupe sont localisés géographiquement. La notion d'origine semble donc en voie de disparition chez les moins âgés. Si la notion d'origine et de clan commence à perdre de son importance, peut-on voir s'amorcer un nouveau type de société ?

4.2. UNE NOUVELLE STRATIFICATION SOCIO-CULTURELLE EN GESTATION

Nous avons pensé qu'il serait possible de faire une synthèse des données et des hypothèses que nous avons énoncées dans ce travail en essayant de dégager quelques types de comportement. En effet dans le creuset de la nouvelle culture citadine en gestation, certaines forces nous sont apparues comme prédominantes et nous ont permis de penser qu'une nouvelle stratification socio-culturelle était en train de se former.

Dans un chapitre précédent consacré à la difficile synthèse de la culture occidentale et de la tradition, nous avons vu se dessiner deux types de comportements extrêmes : un comportement que nous avons qualifié de moderniste et un autre que nous avons considéré comme traditionaliste.

Pour élaborer cette classification, nous n'avions fait intervenir que les notes obtenues aux questionnaires concernant les deux cultures. Nous pensons qu'il est aussi très important de considérer les usages linguistiques et notamment les langues employées avec les personnes de la même génération par exemple le frère.

Voici donc les trois critères retenus pour élaborer cette classification :

1) Le score obtenu aux trois questions concernant les moyens modernes de communication.
2) Le total atteint avec les réponses aux trois interrogations concernant la tradition.
3) La ou les langue(s) parlée(s) avec le frère.

En examinant les résultats, nous avons pu dégager deux types de comportement opposés :

* *Un comportement moderniste* qui se caractérise par :

a) un fort score au questionnaire sur les moyens audio-visuels;

b) parallèlement un faible résultat en ce qui concerne les moyens oraux traditionnels;

c) un abandon de la langue vernaculaire en s'adressant au frère.

* *Un comportement traditionaliste* qui est révélé par :

a) un faible total obtenu aux questions sur les moyens modernes de communication.

b) un score important pour ce qui concerne la tradition.

c) un usage maintenu de la langue vernaculaire avec le frère.

Il s'agit là d'attitudes extrêmes, l'essentiel de notre effectif étant caractérisé par des réponses beaucoup moins tranchées. Parmi celles-ci, nous avons choisi d'étudier le cas des personnes ayant obtenu un faible résultat aux deux séries de questions. Ces personnes qui ne sont intégrées dans aucune des deux cultures, nous avons pensé pouvoir les qualifier du terme de "déracinés".

Ce terme ne revêt à nos yeux aucune nuance péjorative. Nous ne voulons pas dire que ces personnes n'ont aucune culture, simplement le questionnaire n'a pas mis en évidence les aspects positifs de celle-ci.

Cette catégorie peut se diviser en deux groupes :

- l'un maintient l'usage de la langue vernaculaire
- l'autre ne l'utilise pas.

Enfin bon nombre de réponses nous sont apparues comme contradictoires. Il nous a paru utile d'essayer de proposer une explication à ces contradictions.

Les modernistes

Nous avons classé dans cette catégorie tous ceux qui ont obtenu un score supérieur ou égal à 4 aux questions concernant les moyens modernes de communication. Parallèlement les réponses aux interrogations sur la tradition ne doivent pas dépasser 2. Nous avons aussi accepté dans ce groupe ceux qui avaient obtenu un total de 3 à la première série de questions et zéro à celles sur l'oralité. D'un point de vue linguistique, ces personnes doivent avoir abandonné l'usage de la langue vernaculaire dans les conversations avec leurs frères.

Nous avons pu réunir 116 individus répondant à ces critères. Parmi eux, 80 utilisent le français et le sango en s'adressant à leur frère soit près de 70 %. Il s'agit de personnes jeunes comme en témoigne la répartition ci-dessous :

15-25 ans 104 (89 hommes, 5 femmes)
26-35 ans 8 (7 hommes, 1 femme)
36-45 ans 3 hommes
46-55 ans 1 homme

Près de 90 % ont donc moins de 25 ans. Le nombre d'hommes (100) est beaucoup plus important que celui des femmes. Le niveau scolaire est élevé puisque 97,41 % ont au moins le niveau du CEPE. Parmi ceux-ci, 39,65 % ont aussi le BEPC. Les élèves et les fonctionnaires forment la majorité des éléments de cette catégorie (89 élèves et 20 fonctionnaires). C'est donc parmi ceux que l'on peut nommer les intellectuels que se trouvent les modernistes. A vrai dire, ce sont ceux pour qui l'accès à la culture occidentale est le plus facile puisqu'elle participe de ce monde qu'ils ont l'habitude de côtoyer par l'intermédiaire de l'école.

Comme la plupart des jeunes scolarisés, ils sont nés dans leur grande majorité à Bangui (81,03 %). Le fait d'être né dans la capitale contribue peut-être à renforcer l'éloignement de la communauté d'origine. D'ailleurs la plupart d'entre eux déclare avoir le sango pour langue première (91,37 %) et 74,13 % ne parlent pas la langue vernaculaire. Cette catégotie regroupe donc une bonne partie de la nouvelle génération puisque 60,95 % des garçons ont moins de 25 ans. Nous pouvons considérer que cette catégorie forme la couche supérieure de la classe citadine, celle qui a pu avoir accès aux valeurs occidentales. Elle occupera sans doute des postes assez élevés dans la hiérarchie banguissoise.

A l'opposé figure un groupe tout aussi caractéristique que nous nommerons les traditionalistes.

Les traditionalistes

Les critères culturels de ce classement sont inverses de ceux qui ont permis de déterminer le groupe précédent : un score égal ou supérieur à 4 pour les moyens oraux traditionnels, un résultat inférieur ou égal à 2 pour les moyens de communication audio-visuels. A ceux-ci, nous avons ajouté ceux qui avaient obtenu trois points aux questions sur la tradition et zéro à celles sur le modernisme.

Du point de vue de l'usage linguistique, la langue vernaculaire est maintenue dans les conversations avec le frère même si celle-ci est employée en compagnie du sango (70 % des cas).

L'effectif des personnes correspondant à ces critères est de 103. Ces individus sont en majorité des gens âgés comme en témoigne la répartition suivante :

15-25 ans	5	(3 hommes, 2 femmes)
26-35 ans	8	(5 hommes, 3 femmes)
36-45 ans	15	(7 hommes, 8 femmes)
46-55 ans	34	(24 hommes, 10 femmes)
+ 55 ans	41	(28 hommes, 13 femmes)

Nous voyons que 75 personnes (soit 72,81 %) ont plus de 45 ans. Il s'agit, pour la plupart, d'individus venant d'un milieu rural et mal insérés en ville. Seuls 4 d'entre eux sont nés dans la capitale, 28 viennent d'un village (27,18 %), les autres (71 soit 68,93 %) sont originaires d'une ville de province.

L'âge d'arrivée à Bangui peut expliquer le maintien de la mentalité traditionnelle. Voici la répartition selon l'âge d'arrivée dans la capitale :

Avant 15 ans	21
Entre 16 et 20 ans	14
Entre 21 et 30 ans	30
Entre 41 et 50 ans	7
Plus de 50 ans	10

68 personnes (soit 66,01 %) sont donc arrivées après l'âge de 20 ans. D'ailleurs tous ces individus sont à Bangui depuis moins d'une vingtaine d'années; il semble donc que cette duére ne soit pas suffisante pour modifier les habitudes culturelles.

Du point de vue de l'usage linguistique, le séjour en ville a permis l'introduction du sango dans 70 % des cas, mais la langue vernaculaire est toujours employée dans les conversations avec le frère. D'ailleurs la majorité d'entre eux ne connaissent que ces deux idiomes, les autres parlent plusieurs langues vernaculaires mais 8 seulement savent le français (7,76 %). Le niveau scolaire est d'ailleurs fort bas : 93 n'ont jamais fréquenté l'école (soit 90,29 %) et 2 seulement ont le CEPE.

Le statut professionnel va de pair avec le niveau scolaire : 30 sont cultivateurs, 19 commerçants, 15 employés, 15 artisans, 20 sont sans profession et un seul est fonctionnaire. On mesure l'importance qu'a conservé à leurs yeux le mode de vie rural à la proportion de ceux qui se disent cultivateurs.

Ce sont des gens qui vivent dans l'univers rural tout en habitant en ville. Peu sensibles aux innovations, ils vivent en harmonie avec le passé. On peut cependant penser que la marche de l'urbanisation et les changements de la vie moderne en font une classe en voie de disparition.

Nous avons donc étudié deux types de comportement extrêmes : 219 personnes appartiennent à ces deux groupes soit 43,8 % du total.

Le nombre d'individus intégrés aux deux cultures est très réduit : 15 personnes ont totalisé un score supérieur ou égal à 4 dans les deux séries de questions et utilisent le sango et la langue de l'ethnie en s'adressant à un frère. Ce sont généralement des individus jeunes d'un niveau scolaire élevé (6) ou bien des personnes de plus de 35 ans qui ont bénéficié d'une formation scolaire importante mais qu'un lien fort maintenu avec leur famille a empêché d'oublier les traditions. Ils ont accès à la culture occidentale grâce à leur instruction mais restent intégrés au monde traditionnel. Ces cas sont rares (3 % de l'effectif).

Beaucoup plus fréquent est le cas des gens qui ont perdu le contact avec le passé mais qui, faute d'avoir été suffisamment scolarisés, n'ont pas accès à la culture occidentale. Ce sont eux que nous nommerons les déracinés.

Les déracinés

Les critères de choix ont été un score inférieur ou égal à 2 dans chaque série. Nous avons regroupé les personnes en deux catégories selon que la langue vernaculaire était conservée ou abandonnée dans les conversations avec le frère.

a) *CEUX QUI ONT CONSERVE LA LANGUE VERNACULAIRE*

Nous avons pu dénombrer 51 individus appartenant à ce groupe. Ils se répartissent ainsi :

15-25 ans 3 (1 homme, 2 femmes)
26-35 ans 19 (9 hommes, 10 femmes)
36-45 ans 12 (4 hommes, 8 femmes)
46-55 ans 10 (7 hommes, 3 femmes)
+ 55 ans 7 (7 hommes)

Nous pouvons noter que la proportion de femmes est plus importante que dans l'effectif total (23 femmes soit 45,09 %).

Les personnes de ce groupe sont presque toutes d'âge moyen (entre 26 et 45 ans). Leur niveau scolaire est faible. Ce groupe comporte une majorité d'analphabètes (34 soit 66,66 %) mais 15 ont le CEPE ou plus.

46 sont nées en province (90,19 %), mais plus de la moitié sont arrivées à Bangui avant l'âge de 20 ans. Est-ce pour cette raison que le lien avec la culture traditionnelle a été coupé ? Cependant 29 déclarent avoir pour langue maternelle la langue de l'ethnie soit 56,8 %. Environ un tiers d'entre eux disent connaître le français (ceux qui ont le CEPE), cependant leur connaissance de la culture extra-scolaire est faible. D'autre part le maintien de la langue vernaculaire dans les conversations avec le frère permet de penser qu'ils ne sont pas si coupés de leur culture d'origine qu'ils veulent bien le dire.

Ces gens sont pour la plupart les représentants des générations transitoires. Leur jeunesse s'est déroulée au moment où la scolarisation n'était pas très développée sur le territoire centrafricain. Ils sont venus à Bangui dans le vaste mouvement d'exode rural qui a peuplé la capitale depuis la seconde guerre mondiale. Ils sont sans qualification professionnelle importante (12 d'entre eux sont commerçants, 12 sont sans profession, les autres sont employés ou artisans). Ils forment une catégorie sociale aux revenus assez faibles. La vie citadine les a fait perdre le contact avec leur culture d'origine; ils maintiennent cependant l'usage de la langue vernaculaire en famille.

Le second groupe de déracinés révèle une coupure plus nette avec le milieu d'origine puisqu'il a abandonné l'usage de la langue vernaculaire dans les conversations avec le frère.

b) *CEUX QUI ONT ABANDONNE LA LANGUE VERNACULAIRE*

Nous avons comptabilisé 61 personnes appartenant à cette catégorie. La plupart n'utilisent que le sango dans leurs conversations avec leurs frères; 10 seulement utilisent aussi le français soit 16,39 %. Ce sont généralement des individus jeunes comme le montre la répartition suivante :

15-25 ans	24	(6 hommes, 18 femmes)
26-35 ans	22	(5 hommes, 17 femmes)
36-45 ans	6	(4 hommes, 2 femmes)
46-55 ans	9	(6 hommes, 3 femmes)

La proportion de femmes (et principalement de femmes jeunes) est très importante (40 représentantes du sexe féminin soit 65,57 %; parmi elles 35 ont moins de 35 ans).

Le niveau scolaire est dans l'ensemble faible puisque 35 personnes sont analphabètes mais cependant nous trouvons dans ce groupe 16 personnes possédant le CEPE et 6 ayant le BEPC.

La répartition professionnelle est la suivante :

Elèves	9
Sans profession	16
Commerçant	12
Artisan	8
Cultivateur	8
Employé	2
Fonctionnaire	6

Il faut remarquer que toutes les fonctionnaires et toutes les élèves sont des femmes. Ceci laisse penser qu'à niveau scolaire égal les femmes ont moins de curiosité que les hommes pour la culture occidentale. C'est peut-être à cause du statut de la femme africaine qui lui impose de nombreuses tâches ménagères en dehors de son activité quotidienne et lui laisse moins de temps qu'aux hommes pour avoir des loisirs.

La majorité de ces personnes sont nées à Bangui (32 sur 61). Cependant 18 sont originaires d'une ville de province et 10 d'un village; 39 d'entre elles ont pour langue maternelle le sango mais il n'y en a que 9 qui ne connaissent pas la langue vernaculaire. Ceci permet de penser que pour la majorité d'entre elles, l'utilisation du sango en famille est plutôt un choix qu'une obligation.

Cette catégorie a donc franchi un pas de plus que l'autre dans le déracinement en abandonnant sa langue. Nous avons là un exemple de ce que nous avons cru constater plus haut en disant que le sango était un parler de femmes. Ces personnes, dans leur ensemble, sont trop acculturées pour avoir un intérêt pour la culture traditionnelle; mais elles ne peuvent avoir accès à la culture occidentale (niveau scolaire trop bas pour certaines, manque de sollicitations pour les autres et probablement d'autres raisons qui ne sont pas mises en évidence dans les réponses au questionnaire, par exemple : manque de temps et entrave du statut traditionnel pour les femmes).

Nous voyons à travers ces deux exemples qu'il se crée un nouveau mode de vie citadin très éloigné de la participation active aux deux cultures. Mais le fait de n'avoir pu trouver par ce questionnaire les centres d'intérêt de ces personnes ne veut pas dire qu'ils n'existent pas.

Nous avons analysé à travers ces trois catégories (modernistes, traditionalistes, déracinés) des comportements qui nous ont paru logiques. Il nous reste à aborder à travers l'étude de deux exemples le problème des réponses contradictoires qui nous montre la difficulté de réaliser une synthèse cohérente de deux mondes différents.

Les réponses contradictoires

Nous allons examiner :

a) Le cas de personnes ayant obtenu des scores dénotant une participation aux deux cultures mais qui cependant ont abandonné la langue vernaculaire dans les conversations avec le frère.

b) Ceux qui ont fait un choix linguistique moderniste (abandon de la langue de l'ethnie) mais ont une grande réceptivité à la culture traditionnelle.

Dans la première catégorie, nous pouvons classer 17 personnes jeunes, assez fortement scolarisées (15 ont au moins le niveau du CEPE), 14 ont le sango pour langue première. Cependant 11 d'entre elles sont originaires de la province, ce qui permettrait d'expliquer que le lien avec la tradition soit maintenu; 13 d'entre elles parlent la langue vernaculaire.

Le second groupe comprend 56 personnes. Elles présentent un décalage entre les choix linguistiques et les choix culturels. Le score obtenu aux moyens de communication oraux traditionnels est supérieur à 4, mais ces personnes ont abandonné l'usage de la langue vernaculaire dans les conversations avec leur frère. La répartition par classes d'âge se fait ainsi :

15-25 ans	21	(17 hommes, 4 femmes)
26-35 ans	10	(5 hommes, 5 femmes)
36-45 ans	10	(5 hommes, 5 femmes)
46-55 ans	6	(5 hommes, 1 femme)
+ 55 ans	9	(9 hommes)

La plupart de ces individus sont d'un niveau scolaire faible (30 sont analphabètes), cependant 20 ont au moins le niveau du CEPE.

Dans leur majorité, ils sont originaires des province (33 sont nés dans une préfecture et 10 dans un village); 28 ont pour langue maternelle la langue vernaculaire. L'utilisation du sango avec le frère peut être considérée comme un choix puisque deux personnes seulement ne parlent pas la langue de l'ethnie.

En étudiant ces différents cas, nous nous sommes demandé qui, de la langue vernaculaire ou de la culture traditionnelle, était le plus vulnérable. Mis à part le cas des déracinés qui ont conservé l'usage de la langue de l'ethnie avec le frère, mais qui ont rompu les liens avec la tradition, il semble que ce soit la langue qui soit le plus rapidement touchée.

En effet :

- Chez les modernistes : le faible score obtenu aux moyens de communication traditionnels est accompagné de l'abandon de la langue de l'ethnie.
- Chez les traditionalistes : ni la culture, ni la langue ne sont touchées mais le sango pénètre quand même dans les conversations avec le frère.
- Parmi les déracinés, mise à part la catégorie citée plus haut, le faible score obtenu aux questions sur la tradition se double d'un abandon de la langue vernaculaire.
- Quant aux réponses contradictoires, elles révèlent elles aussi que la culture est moins vulnérable que la langue.

Dans ce chapitre, nous n'avons pas essayé d'aborder le difficile problème des classes sociales en Afrique (nous n'avions pas assez d'éléments pour le faire), mais nous avons simplement analysé quelques types de comportement. Nous avons malgré tout employé le terme "stratification" qui laisse penser qu'une hiérarchie s'est établie. Force nous est de constater que selon les critères *actuels* de réussite sociale, les modernistes nous paraissent mieux armés pour trouver leur place dans la société.

L'expression "types de comportement" ne doit pas laisser croire que nous souscrivons à une psychologie volontariste; dans le contexte social qui prévaut et a prévalu en Centrafrique, nous savons que la part de choix de l'individu est très réduite. Nous avons simplement voulu noter qu'un certain nombre d'attitudes étaient proches. Il nous a paru important de regrouper quelques résultats éparpillés au cours de cette étude de façon à présenter aux lecteurs quelques "profils" significatifs.

CONCLUSION

Certains de nos lecteurs qui sont familiarisés avec les problèmes linguistiques des pays d'Afrique Francophone (notamment celui du choix d'une langue d'enseignement) seront peut-être étonnés de voir que l'Etat centrafricain n'a pas ce problème de choix. Certes cette affirmation ne doit pas laisser croire que le sango est compris par tous les citoyens de ce pays. Si nous n'avons pas trouvé dans ce quartier un seul habitant ignorant cette langue, il ne faut pas penser que la situation est la même sur tout le territoire de ce pays. Mises à part quelques études ponctuelles sur l'expansion des langues, nous n'avons pas de documents concernant la diffusion du sango à l'intérieur du territoire centrafricain. Une étude de ce type serait pourtant très utile pour un gouvernement qui veut considérer le sango comme un moyen d'unification. Il serait aussi intéressant de déterminer quel type de sango est employé, de voir quels sont les emprunts faits aux langues vernaculaires et au français. Dans cette enquête, nous n'avons pu considérer que l'aspect socio-linguistique du problème et l'absence de moyens matériels nous a conduite à réduire notre champ d'action à un quartier de la capitale.

Celui-ci était un quartier populaire et il aurait été intéressant de pouvoir faire des sondages dans des zones accueillant d'autres couches sociales. Mais néamoins, nous pensons que le genre de vie des habitants de Boy-Rabe est celui des 3/4 sinon des 9/10 de la population banguissoise.

Au cours de cette étude, nous nous sommes attachée à mettre en évidence les rapports de force entre trois parlers : la langue vernaculaire, le sango et le français. Nous nous sommes ainsi rendu compte de l'expansion du sango. Cette langue a quitté sa fonction de langue véhiculaire qui devrait simplement faciliter la communication interethnique pour devenir une langue parlée par ceux qui ont d'autres moyens pour se comprendre.

S'il est facilement concevable qu'elle serve à établir le contact entre individus de groupes ethniques différents, on a pu néanmoins constater que son usage n'est pas limité à sa fonction de langue véhiculaire. L'usage de cette langue se répand dans les familles au point qu'un fort pourcentage de personnes de moins de 25 ans prétend l'avoir pour langue maternelle. Il ne semble pas que ce phénomène soit en régression puisque 90 % des enfants s'adressent aux divers membres de la famille dans cette langue.

Cette enquête réalisée en 1975 étudiait l'apprentissage linguistique d'individus nés avant 1960. Les réponses données aux questions concernant les langues parlées par les jeunes enfants permettent de penser que la situation a évolué et il serait probablement utile de faire une étude de la situation linguistique des enfants en âge préscolaire dans les années à venir. Cette étude permettrait de tirer des conclusions quant à l'expansion du sango et pourrait guider une nouvelle politique scolaire dans l'avenir.

Si le sango tend à devenir la langue maternelle de la majorité des jeunes banguissois, c'est parce que cet idiome est de plus en plus utilisé au sein des familles. Nous avons pu suivre cette progression sur trois générations. Si avec les grands-parents la langue vernaculaire est utilisée par tous ceux qui la parlent, il n'en est pas de même avec les parents : un décalage important caractérise souvent les langues employées par le père et par le fils. Il n'est pas rare — surtout chez les moins de 25 ans — de s'adresser en sango à son père alors que ce dernier emploie la langue vernaculaire ou les deux langues concurremment.

Quand on arrive aux personnes de la même génération, on constate, d'une part que le décalage disparaît et que le sango est employé de plus en plus fréquemment. Bien sûr cette expansion est plus fréquente chez les moins de 25 ans qui ont de plus en plus tendance à employer le sango seul ou en compagnie du français, mais elle est importante même chez les plus âgés puisque ceux-ci ont tendance à employer le sango en concurrence avec la langue vernaculaire.

Quand on étudie la situation qui prévaut avec la génération suivante, on doit admettre que la quasi-totalité de l'effectif emploie le sango en s'adressant aux enfants et que ceux-ci répondent dans cette langue.

Ces constatations nous ont permis de dresser un rapide bilan de l'introduction du sango dans les familles, bilan dans lequel on constate qu'à une exception près, le sango s'introduit dans le groupe familial en deux temps : il est d'abord parlé en compagnie de la langue vernaculaire en s'adressant à la première génération puis il est employé seul avec la seconde.

Ce que nous venons de dire de l'expansion du sango laisse présager que celle-ci se double d'un recul des langues vernaculaires. En effet, nous constatons, d'une part que celle-ci est rarement la première langue apprise par les moins de 25 ans. Il faut néanmoins nuancer ce résultat en remarquant qu'un certain nombre d'individus (81) déclarant avoir le sango pour langue maternelle disent par ailleurs avoir appris la langue de l'ethnie avant l'âge de trois ans : on doit donc admettre que les deux langues ont été acquises simultanément.

D'autre part, 105 personnes nous ont déclaré ne pas parler la langue vernaculaire mais seulement la comprendre. Ce sont pour la plupart des individus de moins de 25 ans nés à Bangui, donc citadins à part entière.

Quant à l'emploi des langues vernaculaires en famille, il est de plus en plus restreint, même chez les plus âgés. En ce qui concerne l'usage de la langue de l'ethnie avec les parents et les grands-parents seule la nouvelle génération se distingue des autres par son emploi plus fréquent du sango. Par contre, dans les conversations avec les frères et soeurs, il n'en est qu'une petite proportion (rarement supérieure à 20 %) pour employer la langue de l'ethnie seule.

Ceci nous semble témoigner d'une perte de prestige de la langue vernaculaire au profit du sango considéré comme la langue du citadin. En effet les deux langues sont souvent utilisées concurremment dans les conversations avec les amis en brousse dont on est sûr qu'ils connaissent la langue de l'ethnie.

Quant au français, il est connu par environ la moitié des personnes interrogées, c'est-à-dire *grosso modo* par ceux qui ont été scolarisés (plus quelques anciens combattants). Etant langue officielle, l'usage du français est obligatoire, surtout dans les bureaux et dans les contacts avec le personnel administratif. Cependant, nous constatons que le sango le remplace dans ce rôle chez les non-francophones.

Quant à l'utilisation du français en famille, si elle est rare avec les parents (surtout avec la mère), elle se fait plus fréquente avec les frères et soeurs, tout au moins chez les moins de 25 ans. Mais ce phénomène touche principalement les jeunes scolarisés et nous pouvons dire que le français reste une langue étrangère pour l'ensemble de la population. Certes, de nombreux jeunes gens de moins de 25 ans nous ont déclaré qu'elle était leur seconde langue maternelle (la première étant le sango), mais il ne faut pas oublier qu'il s'agit d'un phénomène restreint que l'importance numérique accordée à ces jeunes dans notre effectif ne doit pas contribuer à grossir. La majorité des personnes interrogées considère le français comme un moyen d'accéder au fonctionnariat — situation très enviée en Afrique.

Le nombre de personnes parlant français dans notre effectif (254) pourra paraître réduit ou élevé selon l'idée que le lecteur se fait d'un pays africain francophone, nous pouvons dire en tout cas qu'il est sans rapport avec la réalité du quartier.

Ayant choisi d'interroger un nombre important de jeunes afin de mesurer l'évolution de la situation linguistique, il est normal que nous ayons un effectif de jeunes scolarisés assez important. Ce pourcentage ne pourra pas faire illusion si on le compare avec celui des autres groupes d'âge. En effet, l'Oubangui-Chari a souffert pendant l'époque coloniale d'une exploitation proche du pillage. Livré aux grandes compagnies concessionnaires qui se souciaient fort peu de la scolarisation des indigènes, le pays a pris un retard considérable sur le plan scolaire. Néanmoins, depuis les années cinquante, la situation s'est améliorée et l'on constate que les analphabètes sont peu nombreux parmi ceux qui ont moins de 25 ans.

Il n'était pas dans notre propos de faire une étude de la scolarisation (nous n'avions pas les éléments pour le faire), mais simplement d'essayer de voir les rapports entre la situation linguistique de l'élève et de sa famille et sa réussite scolaire. Nous avons cru pouvoir mettre en évidence certaines relations qui demandent à être confirmées par des études plus approfondies.

Très prudemment, nous disons donc qu'il semble que le fait d'avoir le sango pour langue maternelle favorise la réussite scolaire. En effet, nous avons constaté que le pourcentage de personnes ayant le sango pour langue première était dans l'ensemble supérieur à la moyenne du groupe chez les personnes ayant fréquenté l'école. Nous présentons cette constatation avec toute la prudence nécessaire, car nous savons que nous touchons là au difficile problème de l'acquis culturel sur lequel tous les pédagogues ne sont pas d'accord. Il faudrait pour approfondir cette question épineuse, avec le concours de psycholinguistes, procéder à des études du type de celles qu'a menées Basil BERNSTEIN en Grande Bretagne.

Néanmoins une autre constatation vient corroborer cette hypothèse : dans les familles où le père ou le frère aîné parle français, tous les individus qui ne sont plus scolarisés ont atteint le BEPC. Inversement, ceux dont le père parle uniquement la langue vernaculaire ont une réussite scolaire moins importante. Il faut être très prudent quant à l'interprétation de ce résultat, d'autres variables pouvant intervenir, notamment l'âge et le lieu de naissance.

Nous faisons part de ces constatations et nous les avançons simplement à titres d'hypothèses, n'ayant pas eu les moyens de les vérifier par d'autres travaux.

Quand on aborde le difficile problème de la culture citadine en Afrique, on a toujours tendance à le placer sous le signe d'un double déracinement : éloignement du mode de vie traditionnel, non-conformité à la norme occidentale. Certes nous n'avons pas échappé à cette règle, le questionnaire étant conçu de façon à mesurer l'impact de deux cultures sur les habitants du quartier. Cette étude s'est d'ailleurs révélée utile car elle a permis de constater que la majorité des personnes interrogées avait perdu le contact avec la tradition et qu'un nombre à peu près semblable n'avait pas accès à la culture moderne représentée ici par les moyens de diffusion occidentaux de cette culture : radio, cinéma, livre. En étudiant le contenu de celle-ci, nous avons pu constater que la petite minorité de scolarisés qui manifeste une forte réceptivité à cette culture n'a accès qu'à des productions de médiocre qualité (illustrés, films et romans d'espionnage, policiers, westerns, le tout d'un faible intérêt littéraire et cinématographique). Cependant, c'est à partir des clichés contenus dans ces productions que cette jeunesse élabore se propre vision du monde.

Il est par contre assez difficile de cerner l'univers culturel de ceux qui, tout en ayant des liens relâchées avec la tradition, n'ont pas pour autant accès à l'autre culture. Ils constituent pourtant la partie la plus importante de l'effectif. Poser le problème en termes de double déracinement amène à le poser en termes uniquement négatifs alors que ce questionnaire n'a pas vraiment permis de mettre en évidence les aspects positifs. Il n'est pas certain d'ailleurs que l'enquête par questionnaire soit la meilleure méthode pour arriver à cerner cette réalité. Un ouvrage comme *Les enfants de Sanchez* constitué par des biographies, nous paraît plus adapté à ce but.

Ceci nous amène à poser le problème de l'enquête par questionnaire et de la crédibilité des réponses obtenues. Tout d'abord, il faut signaler que ce questionnaire a été établi non pas en vue d'être utilisé à Bangui, mais de manière à pouvoir servir dans presque tous les états africains. N'ayant ni le temps ni les moyens d'effectuer une pré-enquête, nous l'avons utilisé dans son intégralité (nous n'avons apporté que quelques modifications concernant les langues parlées avec les frères, les soeurs et les camarades). Ce questionnaires était conçu pour interroger des individus. Etant consacré pour une bonne partie à l'utilisation des langues en famille, nous avons pensé en cours d'enquête qu'il aurait peut-être été préférable de procéder au choix d'unités familiales et d'interroger le chef de famille afin de mieux rendre compte de l'évolution de la situation. L'enquête étant commencée, il n'était plus possible de modifier le questionnaire; d'autre part la partie concernant la culture aurait été plus difficilement réalisable.

Néanmoins, nous pensons avoir vu se dessiner une évolution dans la situation linguistique familiale. L'expansion du sango nous semble être un fait établi mais qu'elle ait pris avec la nouvelle génération l'ampleur qui apparaît dans cette étude nous conduit à poser le problème de la crédibilité des réponses aux questions posées.

Il faut tout d'abord noter qu'en ce qui concerne l'utilisation des langues dans les conversations familiales ou extra-familiales, nous n'avons trouvé que très peu de réponses contradictoires. Pourtant le questionnaire posait la même question sous diverses formes. Néanmoins, nous ne devons pas nous leurrer, notre présence dans ce quartier était chargée de sens. En répondant aux interrogations d'une observatrice occidentale, les habitants du quartier cherchaient à donner une image d'eux-mêmes qui puisse la satisfaire. Nous avons eu souvent l'impression que plutôt que de donner la réponse exacte, ils cherchaient, en fonction des objectifs qu'ils nous attribuaient, à donner la réponse qu'ils estimaient conforme à nos désirs. Néanmoins une part de vérité doit être respectée puisque nous trouvons très peu de réponses contractoires. De plus les questionnaires réalisés par des enquêteurs centrafricains seuls ne montrent pas de différences marquantes avec ceux réalisés en notre présence.

En ce qui concerne les réponses aux moyens de communication audio-visuels et oraux traditionnels, il se posait alors un problème d'évaluation. Les adverbes "beaucoup", "souvent" n'ont pas la même résonance selon les personnes auxquelles on s'adresse. Lorsqu'on évalue quelque chose c'est toujours en faisant une comparaison implicite. Ainsi la personne âgée qui déclare connaître peu de contes se compare peut-être avec son frère resté au village; par contre le jeune citadin dit en connaître beaucoup parce qu'il fait peut-être référence implicitement à la culture de ses camarades de classe.

Nous pensons qu'il est préférable de combiner l'usage du questionnaire avec une observation directe. Au cours de cette enquête, nous avons essayé de nous montrer attentive aux événements qui se déroulaient pendant l'interview. Ceci nous a permis de nuancer certaines affirmations trop péremptoires.

Quand au dépouillement des données, ayant dû effectuer seule et manuellement ce travail, il est fort probable que nous n'avons pas établi toutes les corrélations qui auraient été souhaitables. Nous pensons avoir présenté les plus significatives, du moins à nos yeux. Certains nous reprocherons peut-être d'avoir priviligié la variable "âge". Elle s'est révélée en effet très significative mais l'on doit savoir qu'être âgé dans cette société signifie probablement que l'on est né en province, que l'on n'a pas été scolarisé, qu'on a la langue de l'ethnie comme langue première. Inversement être jeune donne plus de chances d'être né à Bangui, d'avoir fréquenté l'école, de parler sango avec facilité. Toutes ces composantes sont liées et expliquent pourquoi nous avons beaucoup tenu compte de l'âge des personnes interrogées.

Dès le départ nous avons cherché à cerner l'évolution de la situation linguistique. Certains seront peut-être étonnés de l'attention que nous avons portée au groupe des moins de 25 ans. Pour les raisons qui ont été exposées dans l'introduction, nous avions délibérément choisi de lui accorder une plus grande importance numérique. Ce groupe s'est caractérisé par un comportement différent dans tous les domaines. Ces constatations ne doivent pas nous masquer une réalité : les jeunes du point de vue culturel et linguistique sont des marginaux. Ils ont été scolarisés (ce qui n'est pas le cas pour l'ensemble du quartier) et ce passage à l'école a modifié leur mentalité. En cela ils nous paraissent témoigner de l'évolution qui va suivre son cours dans les prochaines années.

BIBLIOGRAPHIE

Le questionnaire utilisé pour réaliser cette enquête est extrait de l'ouvrage réalisé dans le cadre de l'ER 74 du CNRS : Luc BOUQUIAUX et Jacqueline M.C. THOMAS (éds.), 1971, *Enquête et description des langues à tradition orale*, Paris, SELAF (NS1), 750 p. fig. (5 fasc. en 1 coffret 21x27). Une seconde édition en trois volumes a été publiée en 1976 chez le même éditeur.

1. OUVRAGES GENERAUX

ALEXANDRE (P.) - 1967, *Langues et langage en Afrique Noire*, Paris, Payot (Bibliothèque Scientifique), 169 p.

BERNSTEIN(B.) - 1975, *Langages et classes sociales. Code socio-linguistique et contrôle social* (traduction, présentation, bibliographie et index par J.C. CHAMBOREDON), Paris, Ed. de Minuit (Le Sens Commun), 347 p.

BLANCPAIN (M.) et REBOULLET (A.) (éd.) - 1976, *Une langue : le français aujourd'hui dans le monde*, Paris, Hachette (Références), 328 p.

BOUDON (R.) et LAZARSFELD (P.) (éds.) - 1971 (3ème éd.), *Le vocabulaire des sciences sociales*, Paris - La Haye, Mouton (Méthodes de la Sociologie), 309 p.

CALVET (L.J.) - 1974, *Linguistique et colonialisme, petit traité de glottophagie*, Paris, Payot (Bibliothèque Scientifique), 250 p.

CHEVRIER (J.) - 1974 (2ème éd.), *Littérature Nègre*, Paris, Armand Colin (U prisme), 288 p.

CROCE-SPINELLI (M.) - 1968, *Les enfants de Poto-Poto*, Paris, Grasset, 367 p.

CHAMPION (J.) - 1974, *Les langues africaines et la francophonie*, Paris - La Haye, Mouton, 244 p.

FISHMAN (J.) (ed.) - 1968, *Readings in the sociology of language*, Paris - La Haye, Mouton, 808 p.

FISHMAN (J.) - 1971a, *Sociolinguistique* (trad. et préface de A. VERDOODT), Bruxelles-Paris, Labor et Nathan, 160 p.

- 1971 - 1973, *Advances in the sociology of language*, Paris - La Haye, Mouton, T.I 418 p. et T.II 534 p.

FLIS-ZONABEND (F.) - 1968, *Lycéens de Dakar. Essai de sociologie de l'éducation*, Paris, Maspéro (Textes à l'appui), 215 p.

GALISSON (R.) et COSTE (D.) (éds.) - 1976, *Dictionnaire de didactique des langues*, Paris, Hachette, 612 p.

GIBBAL (J.M.) - 1974, *Citadins et villageois dans la ville africaine : l'exemple d'Abidjan*, Grenoble, Presses Universitaires - Paris, Maspéro (Bibliothèque d'Anthopologie), 398 p.

GIDE (A.) - 1927, *Voyage au Congo - Carnets de route*, Paris, Gallimard, 251 p. (réédité dans la Pléiade).

GREENBERG (J.H.) - 1963, *Languages of Africa*, La Haye, Mouton, 175 p.

HOUIS (M.) - 1971, *Anthropologie linguistique de l'Afrique Noire*, Paris, P.U.F. (Le linguiste), 232 p.

KALCK (P.) - 1959, *Réalités Oubanguiennes*, Paris, Berger-Levrault, (Mondes d'Outre Mer), 356 p.

- 1971, *La République Centrafricaine*, La Documentation Française (Notes et études documentaires, 10 Novembre 1971, n° 3833-3834), 82 p.

- 1974, *Histoire de la République Centrafricaine*, Paris, Berger-Levrault (Mondes d'Outre Mer), 341 p.

KASHAMURA (A.) - 1971, *Culture et Aliénation en Afrique*, Paris, Champ Libre.

LABOV (W.) - 1976, *Sociolinguistique* (traduction par A. KIHM, présentation P. ENCREVE), Paris, Editions de Minuit (Le Sens Commun), 459 p.

LE TANH KHOI (éd.)) 1971, *L'enseignement en Afrique tropicale*, Paris, P.U.F. (Publications de l'IEDES), 463 p.

LEWIS (O.) - 1961, *Les enfants de Sanchez* (traduction par Céline ZINS), Paris, Gallimard.

MAKOUTA-MBOUKOU (J.P.) - 1973, *Le français en Afrique Noire*, Paris, Bordas (Etudes linguistiques), 238 p.

MARCELLESI (J.B.) et GARDIN (B.) - 1974, *Introduction à la sociolinguistique, la linguistique sociale*, Paris, Larousse Université (Langue et langage), 263 p.

MARTINET (A.) (éd.) - 1968, *Le langage*, Paris, Gallimard (La Pléiade), 1544 p.

THOMAS (J.M.C.) et BERNOT (L.) (éds.) - 1972, *Langues et Techniques. Nature et Société*, Paris, Klincksieck, 2 vol. : 99-107 p.

VENNETIER (P.) - 1976, *Les villes d'Afrique Tropicale*, Paris, Masson, 190 p.

WEINREICH (U.) - 1974 (8ème éd.), *Languages in contact*, Paris - La Haye, Mouton, 148 p.

2. DOCUMENTS CONCERNANT LE SANGO ET LE FRANCAIS EN CENTRAFRIQUE

Pour les descriptions linguistiques des langues centrafricaines le lecteur se reportera au catalogue de la SELAF, figurant à la fin du présent ouvrage.

Anonymes - 1966, *Mémoire sur l'orthographe du sango*, Sociétés Bibliques, 6 p.

- 1967, *La notation du sango*, 11 p.

- 1969a, *Aköbë ti e - Notre alimentation*, Bangui, Imprimerie Notre-Dame, 55 p. photos.

- 1969b, *Ye so e lengbi ti sara si e wara aköbë ti tëngö ti e - Comment nous procurer ce que nous devons manger*, Bangui, Imprimerie Notre-Dame, 59 p., photos.

BOUQUIAUX (L.) - 1965, *Rapport sur la transcription du sango*, UNESCO, 16 p.

- 1969, La créolisation du français par le sango véhiculaire, phénomène réciproque, *Annales de la Faculté des Lettres et Sciences Humaines de Nice* 7, pp. 57-70.

- 1974, *Langues et cultures en République Centrafricaine*, Bangui, Cahiers du Centre Protestant pour la jeunesse 15, 9 p. cartes.

- 1976, La création lexicale dans une langue véhiculaire : le cas du sango de RCA (communication au colloque de la SLAO, Yaoundé, 1974) *Théories et méthodes en linguistique africaine*, Paris, SELAF (Bibliothèque 54-55), pp. 53-59.

BOUQUIAUX (L.), KOBOZO (J.M.), DIKI-KIDIRI (M.) - 1978, *Dictionnaire sango-français, lexique français-sango*, Paris, SELAF (Tradition Orale 28), 830 p.

BOUQUIAUX (L.), CLOAREC (F.), MONINO (Y.), ROULON (P.), THOMAS (J.M.C.) - 1972, Méthode d'enquête pour l'étude du français et du sango parlés en RCA, Nice, *Bulletin de l'IDERIC*.

BRACHIEL (G.H.) - 1909, *Vocabulaire sango (Haut Oubangui)*, Paris, Boyard, 173 p.

CALLOC'H (J.) - 1911, *Vocabulaire français-sango et sango-français*, Paris, Geuthner, 86 p.

CAPRILE (J.P.) - 1977, Situation respective du français et des langues africaines en Afrique Centrale (Tchad, RCA). Etat des recherches. *Les relations entre les langues négro-africaines et la langue française* (Communication au colloque, Dakar 23-26 Mars 1976), Paris, CILF (Actes du colloque), pp. 108-135.

DIKI-KIDIRI (M.) - 1966a, *Petite étude de la langue centrafricaine, le sango*, Bangui, 25 p. multigr.

- 1966b, *L'écriture phonétique du sango, langue nationale de la RCA*, Bangui, Ministère de l'Education Nationale.

- 1976, Développement du sango pour l'expression du monde moderne : obstacles et possibilités, *Les relations entre les langues négro-africaines et la langue française*, Paris, CILF, pp. 717-728.

- 1977, *Le sango s'écrit aussi*, Paris, SELAF (Tradition Orale 24), 188 p.

EBOUE (A.F.) - 1918, *Langues sango, banda, baya, mandjia*, Paris, Larousse, 109 p.

GAUDEFROY-DEMOMBYNES (M.) - 1906-1907, *Documents sur les langues de l'Oubangui-Chari* (Actes du XIVème Congrès International des Orientalistes), Paris, Leroux, 116 p.

GERARD (M.) - 1940, *Sango, langue commerciale de l'Oubangui-Chari*, Rome, Sodalité de St Pierre Claver, 111 p.

HEINE (B.) - 1970, *Status and use of African lingua francas*, IFO (Institut für Wortschaftforschung, München, Afrikastudien 49, Weltforum Verlag München), Western Central Africa, ch. V, pp. 131-139.

JACQUOT (A.) - 1961a, Notes sur la situation du sango à Bangui, résultat d'un sondage, *Africa* 31 (2), pp. 158-166.

- 1961b, Esquisse phonologique du sango urbain (Bangui), (Paris) *Journal de la Société des Africanistes* 30, pp. 173-191.

KERUX, SAN, YOUEN - 1950, *Sango*, s.l., 151 p.

KOBOZO (J.M.) - 1964, *Vocabulaire usuel sangho*, Bangui, 128 p.

MAPELLA (U.D.) - s.d., *Rudiments de sango*, Bangui, Ministère du développement rural et du tourisme, 42 p.

ROULON (P.) - 1971, Etude du français et du sango parlés par les Ngbaka - Ma'bo, Nice, *Bulletin de l'IDERIC*; publié aussi dans la revue (Paris - La Haye, Mouton) *Ethnies* 2, pp. 133-165.

SAMARIN (W.J.) - 1955, Sango, an african lingua franca, *Word* 11, pp. 254-267.

- 1958, The phonology of Pidgin Sango, *Word* 14, pp. 62-71.

- 1961a, Tribalism, lingua-francas, and the emerging states, (New-York), *African Studies Association.*

- 1961b, The vocabulary of Sango, *Word* 17, pp. 16-22.

- 1962, Une lingua franca centrafricaine, *Colloque sur le multilinguisme* 87, Brazzaville, Commission de Coopération Technique en Afrique, pp. 257-265.

- 1966, Self-annulling prestige factors among speakers of creole language, (Mouton & Co) *Sociolinguistics*, pp. 188-206.

- 1967, *A Grammar of Sango*, La Haye, Mouton, 284 p.

- 1970, *Sango, langue de l'Afrique Centrale*, Leiden, Brill & Co, 150 p.

TABER (C.R.) - 1965, *A dictionary of Sango*, Hartford, Seminary Foundation.

TISSERANT - 1950, *Sango, langue véhiculaire de l'Oubangui-Chari*, Issy les Moulineaux, Les Presses Missionnaires, 272 p.

3. DOCUMENTS PEDAGOGIQUES

Anonyme - s.d. - *Langue sango* (Manuel d'Alphabétisation réalisé par le Service National d'Alphabétisation et d'Education des Adultes), Bangui, Ministère de l'Education Nationale, de la Jeunesse, des Sports et des Arts.

- 1977a, *Programme expérimental de recherche appliquée à l'enseignement du sango au cours d'initiation*, Bangui, (Ministère de l'Education Nationale et de la Réforme Educative), Institut Pédagogique National (Document n°2), 6 p.

- 1977b, *Kösö buku ti diko 4* (Sërëwisi ti da mbeti ti a kota zo), Bangui, Institut Pédagogique National M.E.N.J.S.A.C., 24 p.

- 1977c, *Kösö buku ti kondë 5*, (Sërëwisi ti da mbeti ti a kota zo), Bangui, Institut Pédagogique National, M.E.N.J.S.A.C., 24 p.

AGBA (G.) - 1976, *Le sango : état des recherches actuelles*, Bangui, (Ministère de l'Education Nationale et de la Réforme Educative) Institut Pédagogique National, 13 p.

LAIR (J.C.) - s.d., *Langage à l'usage des analphabètes*, Bangui, Service National d'Alphabétisation et d'Education des Adultes, 70 p. *Revue Pédagogique*, Revue mensuelle diffusée par l'Institut Pédagogique National (Bangui).

SAMARIN (W.J.) - s.d., *Guingo lege ti diko mbeti na yanga ti sango*, Bozoum (ECA), Mission Evangélique de l'Oubangui-Chari, 3 tomes : 21+38+40 p.

- 1953, *Learning Sango. A pedagogical grammar*, Bozoum (ECA), Mission Evangélique de l'Oubangui-Chari, XI-123 p.

- 1967, *Basic Course in Sango*, U.S. Office of education, 89 p.

SAMMY (P.) - 1977, *L'Institut Pédagogique National*, (Bangui) M.E.N.J.S.A.C.

SAMMY (P.) avec la collaboration de AGBA ((G.), BAQUER (B.), GHIO (J.P.), KOHOTRO (T.), POTH (J.) - s.d., *Lecture en sangö* (livre du maître), Bangui, Institut Pédagogique National - M.E.N.J.S.A.C., 90 p.

ANNEXES

E.R. 74
CNRS
J.P. CAPRILE et J.M.C. THOMAS

QUESTIONNAIRE SUR LES LANGUES EN CONTACT

1. *NOM* : Prénom : Age : Sexe :
2. *ETHNIE* Ethnie du père : Ethnie de la mère :
3. *LIEU DE NAISSANCE*
   Lieu de résidence jusqu'à 15 ans :
4. *DUREE DE LA RESIDENCE EN VILLE* (si l'enquête a lieu dans une ville de quelqu'importance où il y a mélange de populations). Sinon, l'enquêté a-t-il résidé en ville, quand et combien de temps ?
5. *NIVEAU SCOLAIRE* - Combien d'années d'école ?
   En quelle classe s'est-il arrêté ? (CP1, CP2, CE1, CE2, CM1, CM2, 6ème, 5ème, 4ème, 3ème, 2ème, 1ère, Terminale, Et. supérieures).
   Diplômes obtenus :
   Formation professionnelle :
6. *PROFESSION(S)* - Actuelle :
   Autres professions exercées auparavant (dans l'ordre depuis la sortie de l'école) ?
7. *LANGUES PARLEES* - Combien ? - Lesquelles ?
   Première langue parlée (apprise avec le père et la mère) :
   Autre(s) langue(s) : Apprise(s) à quel âge ?
   Apprise(s) où et comment (quelle ville) ?
   Avec qui ? (famille/camarades/mission/école/marché/quartier/travail...)
   Langue(s) comprise(s) mais non parlée(s) :
8. *LANGUE(S) VEHICULAIRE(S)* et *FRANCAIS/ANGLAIS/ESPAGNOL* etc. et/ou *PIDGINS*
   Langues véhiculaires : Apprises à quel âge ?
   Apprises où ? (ville) Comment ? (famille/mission/camarades/école/marché/quartier/travail...)
   Français et/ou anglais et/ou pidgin : appris à quel âge ?
   Appris où ? (ville) Comment ? (famille/mission/camarades/école/marché/quartier/travail...)
9. *OU, QUAND, AVEC QUI PARLE-T-IL* :

Sa langue maternelle	Où ?	Quand ?	Avec qui ?
La langue véhiculaire	Où ?	Quand ?	Avec qui ?
Français/anglais	Où ?	Quand ?	Avec qui ?
Autre(s) langue(s) connue(s)	Où ?	Quand ?	Avec qui ?

10. *QUELLE EST LA LANGUE PARLEE ?*
    A la *maison* avec les parents ?
    Quelle langue vous parle ? - le père : - la mère
    - les grands-parents : - les frères et soeurs :
    - le conjoint : - les enfants :

En quelle langue se parlent les parents ?
Quelle langue parlez-vous ? - au père : - à la mère :
- aux grands-parents : - aux frères et soeurs :
- au conjoint : - aux enfants :

Avec parents et amis en *brousse* :
Avec les camarades : - en promenade : - dans les réunions:
- aux cartes : - autres circonstances :
Avec les gens du *village* ou du *quartier* :
Au *travail* : - avec les camarades : - avec le patron :
- avec les clients : - avec les employés :
Au *marché* : - Dans les magasins :
Avec l'*administration* : - Dans les bureaux :
- Avec les gendarmes :
Avec le *juge coutumier* : - du village : - du quartier :
Avec les *étrangers* : - nationaux : - d'autres pays :

11. *QUELLE EST LA LANGUE QU'IL PARLE LE MIEUX ?*
Quelle est celle qu'il préfère parler ? Pourquoi ?
Quelle est la langue qu'il aime le mieux ? Pourquoi ?

12. *QUELLE EST LA LANGUE QU'IL PARLE LE MOINS BIEN ?*
Quelle est celle qu'il aime le moins parler ? Pourquoi ?
Quelle est la langue qu'il aime le moins ? Pourquoi ?

13. *CITEZ LES LANGUES DES VOISINS*
Les considérez-vous comme parentes de votre langue ? Lesquelles ?
Les comprenez-vous ? Lesquelles ?

14. *OU VOTRE LANGUE EST-ELLE PARLEE LE MIEUX ?*

I. MOYENS DE COMMUNICATION ET DE CULTURE

A. MOYENS AUDIO-VISUELS

1. *Ecoutez-vous la radio ?*
souvent / assez souvent / rarement / pas du tout ?
En quelle langue écoutez-vous les émissions de radio ?
En quelle langue préférez-vous les émissions de radio ?
Souhaiteriez-vous qu'un temps plus long soit accordé à une certaine langue ?
Y a-t-il une langue qui n'est pas utilisée à la radio et dans laquelle vous souhaiteriez écouter des émissions ?

2. *Allez-vous au cinéma ?*
souvent / assez souvent / rarement / pas du tout ?
Quelle(s) langue(s) sont parlées dans les films que vous allez voir ?
Quelle(s) langue(s) souhaiteriez-vous voir employée(s) au cinéma ?
Aimeriez-vous des films en langue africaine ?
a) en quelle langue ?
b) pourquoi ?

3. *Savez-vous lire ?*
En quelle(s) langue(s) savez-vous lire ?
Lisez-vous : souvent / assez souvent / rarement / pas du tout .
Quel genre de livres lisez-vous (livres scolaires, livres religieux, romans, magazines, illustrés, etc.) ? Indiquez les titres et les auteurs.
Lisez-vous un ou des journaux ? Lesquels ? Indiquez les titres et la périodicité (quotidien/mensuel/hebdomadaire, etc.)

4. *Quelle langue savez-vous écrire ?*
Dans quelles circonstances utilisez-vous la ou les langues que vous savez écrire ? (à l'école / lettres à des amis ou à des parents / travail / rapports avec l'administration, etc.)

5. *Quelle(s) langue(s) souhaiteriez-vous apprendre à lire et écrire ?*
Pourquoi ?

6. *Souhaiteriez-vous pouvoir lire des journaux et des livres en langue africaine ?*
En quelle langue et pourquoi ?

B. MOYENS ORAUX TRADITIONNELS

1. *Connaissez-vous des proverbes :*
- dans votre langue maternelle : beaucoup/un peu/pas du tout ?
- dans une autre langue africaine et laquelle : beaucoup/un peu/pas du tout ?

2. *Connaissez-vous des devinettes :*
- dans votre langue maternelle : beaucoup/un peu/pas du tout?
- dans une autre langue africaine et laquelle : beaucoup/un peu/pas du tout ?

3. *Pensez-vous que les proverbes et devinettes sont :*
a) amusants et divertissants
b) éducatifs (ils enseignent sagesse et prudence)
c) inutiles et peu intéressants ?

4. *Avez-vous déjà entendu des histoires et des contes :*
a) en langue maternelle : souvent/quelquefois/jamais ?
b) dans d'autre(s) langue(s) et lesquelles : souvent/quelquefois/jamais ?
c) à quel endroit les avez-vous entendus ?
d) quand les avez-vous entendus ?
e) qui les racontait (un conteur, un parent, etc.) ?

Racontez-vous des histoires et des contes en langue africaine ?
a) souvent / quelquefois / jamais ?
b) en quelle langue les racontez-vous ?
c) où les racontez-vous ?
d) quand les racontez-vous ?
e) à qui les racontez-vous ?
Que représentent pour vous ces histoires et ces contes traditionnels ?
Que pensez-vous de leur utilité ? Justifiez votre réponse.

5. *Connaissez-vous des chansons en langue africaine ?*
a) beaucoup/un peu/pas du tout ?
b) en quelle langue les connaissez-vous ?
c) quand les chantez-vous ?
d) où les chantez-vous ?
e) avec qui les chantez-vous ?
Aimez-vous chanter en langue africaine ? Laquelle ? Pourquoi ?

6. *Savez-vous jouer d'un instrument de musique africain ?*
(tambour/flute/balafon/guitare africaine/ cythare /harpe/autre instrument) ?
Aimeriez-vous apprendre à jouer d'un instrument de musique africain ?
Lequel ? Pourquoi ?
Aimeriez-vous apprendre à jouer d'un instrument de musique européen ?
Lequel ?

7. *Avez-vous été initié ?*
En quelle langue a eu lieu l'initiation ?
Y a-t-il une langue spéciale à l'initiation, différente de la langue usuelle ? Comment l'appelle-t-on ? La connaissez-vous ?

II. RELIGION

1. *Avez-vous une religion ?* Laquelle ?
En avez-vous ou en connaissez-vous d'autres ? Avez-vous une religion de village ?
2. *En quelle langue ont lieu les activités religieuses ?* (prière/chants/messe ou culte/catéchisme/autres activités)
3. *En quelle langue sont écrits les textes religieux* que vous utilisez ?
4. *Pouvez-vous les lire* : facilement/assez facilement/difficilement/ pas du tout ?
5. *Quelle est la langue que vous préférez ou préféreriez parler dans vos activités religieuses* ? Pourquoi ?
Quelle est la langue que vous préférez ou préféreriez pour écrire ou lire les textes religieux ?

III. ARMEE

1. *Avez-vous accompli un service armé* ? Dans l'armée coloniale (française/anglaise/allemande) ? Dans l'armée nationale ?
2. *Quelle(s) langue(s) utilisiez-vous* dans vos rapports avec : les officiers / les autres militaires / les populations de vos lieux de garnison ?
3. *Quelle(s) langue(s) avez-vous apprise(s)* pendant votre séjour à l'armée ?

IV. APPRENTISSAGE ET USAGE DU FRANCAIS/ANGLAIS/ESPAGNOL/...

1. *Avez-vous fréquenté l'école ?*
- en quelle classe êtes-vous maintenant ?
- en quelle classe l'avez-vous quittée ?
2. *Avez-vous suivi un stage professionnel* (indiquez sa nature et sa durée)
- dans quel établissement ou institution ?
- dans quelle localité ?
Quelle langue avez-vous utilisée pendant ce stage ? Auriez-vous aimé utiliser une autre langue pendant ce stage ? Laquelle ? Pourquoi ?
3. *Où êtes-vous allé en classe avant de venir à la ville ?* (citez la ville)
4. *Depuis combien de temps êtes-vous en classe à la ville* (citez la ville

5. *Comment êtes-vous logé ?* (famille/tuteur/internat de la mission ou du lycée/vivez-vous seul)

6. *Quelle(s) langue(s) parlez-vous à l'école ?*
   a) pendant les cours
   b) pendant les récréations

7. *Parlez-vous français en dehors de l'école ?* toujours/assez souvent/ pas du tout ?
   a) où ?
   b) avec qui ?
   c) pourquoi ?

8. *Vos parents parlent-ils français ?*
   -père -mère -frères et soeurs -grands-parents -conjoint -enfants
   Qui parle français dans votre famille ?
   Votre tuteur connaît-il le français ? Sa femme connaît-elle le français ?

9. *Combien d'années de scolarité avez-vous eues en français ?*

10. *Avez-vous commencé à apprendre et à parler français avant d'aller à l'école ?* Comment et à quel âge ? Avec qui ?

11. *Ecoutez-vous des émissions de radio en français* : souvent / assez souvent / quelquefois / jamais ?

12. *Lisez-vous des livres en français* en dehors des livres de classe : souvent / quelquefois / jamais ?
    Quels livres lisez-vous ? (romans, livres religieux, magazines, illustrés, etc.). Indiquez titres et auteurs.
    – Lisez-vous un ou des journaux en français ? Le(s) quel(s) ?

13. *Pourquoi avez-vous appris ou apprenez-vous le français ?*
    Que représente pour vous la langue française ?

TABLEAU 68 - Composition ethnique par âges de l'ensemble des enquêtés

Ethnie	*Nés à Bangui*										*TOTAL*
	15-25		26-35		36-45		46-55		+ 55 ans		
	H	*F*	*H*	*F*	*H*	*F*	*H*	*F*	*H*	*F*	
Ngbaka-manza	20	5	3	2	4	1	1	1			37
Manza	12	5		2	3						22
Gbaya	14	4	3	2	1						24
Ali	4	2	1								7
Gbanu	2	1	1	1	2						7
Gbagiri	2										2
'Bofi	1										1
Banda	12	8	3	2							25
Dakpa	2										2
Langbassi	1										1
Nbundu	2	1				1					4
Togbé		1									1
Yakoma	8	4		3							15
Sango		1									1
Nzakara		1	1								2
Zandé	5	3		1							9
Ngbaka	4	1	1	1	1						8
Gbandili	3										3
Bulaka											0
Mbati	1										1
Sara	2	1									3
Igbo											0
Karé	2										2
Kaba											0
Valé											0

Ethnie	*Nés dans une ville de province*										TOTAL
	15-25 ans		26-35 ans		36-45 ans		46-55 ans		+ 55 ans		
	H	*F*	*H*	*F*	*H*	*F*	*H*	*F*	*H*	*F*	
Ngbaka-manza	4	2	2	4		3	3	1	6	1	26
Manza	7			2	2	4	3	2	8	1	29
Gbaya	10	6	2	6	5	5	7	2	5		48
Ali	2						1	2			5
Gbanu	1	1	2	1	2	2	1	3		3	16
Gbagiri	1		1	2	1	1	2	2	1	1	12
'Bofi											0
Banda	2		4	2	5	3	8		4	2	30
Langbassi				1				1	1		3
Ngbundu			1			1					2
Dakpa	1						2		3		6
Togbé											0
Yakoma	4				2	1	4		4		15
Sango				1		1			1		3
Nzakara					1				2		3
Zandé	4				1	1	4		1	1	12
Ngbaka	3	2	1	1	1	1	2		1	1	13
Gbandili		1	3			1	5	1			11
Bulaka				2							2
Mbati	1		2	2			1	1			7
Sara								1			1
Igbo											0
Karé	1							1			2
Kaba							1				1
Valé			1				1		1		3

Ethnie	Nés dans un village										TOTAL
	15-25 ans		26-35 ans		36-45 ans		46-55 ans		+ 55 ans		
	H	*F*	*H*	*F*	*H*	*F*	*H*	*F*	*H*	*F*	
Ngbaka-manza	1	1	2		1	3	6	3	10	2	29
Manza	2			1		2	1	2		1	9
Gbaya	2		1		1						4
Gbanu					1						1
Ali		1	2	2		2	1				8
Gbagiri				1							1
'Bofi											0
Banda				1				1			2
Dakpa											0
Langbassi											0
Ngbundu									2		2
Togbé											0
Yakoma	1		1								2
Sango								1			1
Nzakara											0
Zandé							1				1
Ngbaka					1		2		1	2	6
Gbandili				1	1		2				4
Bulaka											0
Mbati			1								1
Sara	1										1
Igbo	1										1
Karé											0
Kaba											0
Valé											0

LISTE DES TABLEAUX

*

TABLE DES MATIERES